KB194625

영분별을 위한
신학좌표

영분별을 위한 신학좌표

펴낸날 2017년 2월 20일 초판 1쇄 발행

지은이 고경태

펴낸이 신덕례

디자인 이하양

편 집 권혜영

펴낸곳 우리시대

경기도 고양시 덕양구 마상로 102번길 53

T. 070-7745-7141 F. 031-967-7141

woorigeneration@gmail.com

www.facebook.com/woorigeneration

ISBN 979-11-85972-12-1

영분별을 위한 신학 좌표

고경태 지음

우리시대

목차

저자서문
민음과 신학의 좌표를 명확히 하고 바르게 분별하며 정진하기 위해

이번 시도는 "Theology and Theologies, 신학과 신학들"이란 소책자에서 조금 확장시킨 것입니다. 2,000년 역사를 가진 기독교에 수많은 신학들이 발생하였습니다. 기독교에 여러 신학을 있어도 자기 신학은 하나라는 것을 알아야 합니다. 혹시 자기 신학이 없다고 해도 2,000년 신학의 한 부류에 속해 있습니다. 2,000년 교회 역사에서 신학은 다양하게 전개되었지만, 교회의 신학(the Theology)은 삼위일체(325년 니케아 공회의, 381년 콘스탄티노폴리스 공회의)와 그리스도 양성 이해(431년 에베소 공회의, 451년 칼케돈 공회의)가 큰 틀을 이룹니다. 교회는 교회 안에 있는 그릇된 영(가르침)을 이단으로 확정하였습니다. 그래서 영을 분별하기 위해서는 교회에 발생한 영적 전투(이단 검증)를 잘 살피면 많은 유익을 얻을 수 있습니다. 이 책의 목적은 현재에 산재한 신학들 속에서 '한 신학, 구원에 이르는 신학'을 구분하는 훈련을 하는 것입니다. 모든 그리스도인은 자기 시대에서 영

을 분별(복음 전함과 경청)하며 정진해야 합니다.

그리스도인은 자기 정체성을 알며, 자기 믿음의 내용과 과정을 말할 수 있는 학문 능력이 있어야 합니다. 그것은 자기 믿음의 정진과 함께 복음을 전할 때 필연적으로 도전이 오기 때문입니다. 이번 과정은 짧은 내용이기 때문에 모든 신학을 제시할 수 없습니다. 그러나 독자에게 일련의 자극을 주어 자기 믿음에 대해서 정체성을 가지며 구체화할 수 있도록 돕는 것입니다. 자기의 믿음의 정체성을 알고 표현할 수 있다면 탁월한 그리스도인입니다.

한국 교회를 낙관적으로 평가하는 교회 지도자는 없습니다. 또한 교회 문제에 대한 해결책도 모두가 다릅니다. 그러면서도 진보와 보수에서 공동으로 일치하는 주장은 "한국 교회가 교리에 얽매여 있다"는 것입니다. 이 비판은 너무나 옳지 않은 비판입니다. 교리에 얽매였다고 비판하는 사람은 교리가 무엇인지 알고서 교리에 얽매여 있다고 해야 합니다. 그러나 한국 교회에는 교리가 전혀 없습니다. 초기 한국 교회에서 소요리문답을 교육하였는데 지금은 그것도 하지 않습니다. 그런데 어떻게 교리에 얽매여 있다고 할 수 있겠습니까? 한국 교회의 문제는 기복현상입니다. 교리 설교를 하면 절대로 기복설교를 할 수 없습니다. 소요리문답 1번에서 더 나가지 못한 한국 교회의 수준이 어떤 면에서 교리에 얽매여 있다는 것인지 이해할 수 없는 분석입니다. 강단은 기복 설교(기복, 축복 신앙)와 신비주의(관상기도, 방언, 계시연속주의, CCM)로 가득 차 있습니다. 기복 신앙은 이 땅을 목표하는 현세 신앙이기 때문에 기독교와 전혀 맞지 않습니다. 신비주의는 신령한 것을 추구한다고 하지만 이 땅의 것을 구하는 이성주의의 한 지류에 불과합니다. 기복주의는 무당적 권위를 주장하고, 신비주의는 방종주의가 있습니다.

한국 교회 안에 교리 설교나 교리 교육은 거의 없습니다. 한국 교회는 교리에 얽매여 있지 않습니다. 교리에 무지하면 영을 분별 할 수 없습니다. 분별에는 명확한 기준점과 기준선이 있어야 하기 때문입니다. 교리 없이 영을 분별한다고 하면 주관적이고 감정적인 판단에 그치게 될 것입니다. 리더십에서 가장 무서운 행동은 방향을 모르고 열심히 하는 것이라고 합니다. 교리에 무지하면서 열심을 내는 교회는 그 자체가 폭탄입니다. 열심히 하면 될 수 있겠다고 생각할 수 있습니다. 그러나 방향과 기준이 없는 순수한 열심으로 될 수 있는 것은 없습니다. 한국 교회처럼 신앙에 열심이 있는 곳은 세계에 없습니다. 그런데 한국 교회에 왜 위기가 온 것일까요? 한국 교회에 지금 열심이 부족합니까? 지금도 한국 교회의 성도들은 열심이 극심합니다. 그럼에도 한국 교회는 침체 중이고 바닥이 보이지 않습니다. 기독교를 알지 못하고, 영분별을 할 수 없기 때문에, 사단의 가르침과 세상의 가르침이 강단을 점령했기 때문입니다. 복음을 전할 능력도 복음을 분별할 귀도 없으니 나락이 없는 바닥으로 추락하고 있습니다. 이 저술은 영을 분별하는 것을 목표로 하고 있습니다.

기독교가 교리에 얽매여 있다고 분석한 것은 자유주의 모토입니다. 자유주의는 18세기 유럽에서 형성된 사조입니다. 당시 유럽 지성은 로마 카톨릭의 압제에서 해방하는 이성 운동을 했습니다. 교회의 도그마(Dogma)를 깨는 것을 목표로 했는데, 정작 고대 교회 교리까지 무시하고 파괴했습니다. 천주교는 스스로 교리를 변경하여 세속화해버렸습니다.

자유주의는 이성으로 기독교와 성경에 대한 재검증을 시도하였습니다. 한국 교회는 자유주의를 배우지 않아도 교리를 부정하는 것은 '교리 없는 기독교'가 인간 본성에 부합되는 논리이기 때문입니다. 자유주의에서는 기독교를 재정립하려고 했고, '사랑'으로 합의했습니다. 그렇다면 그 전의 기독교는 '교리'였는데, 그 교리는 '예수를 믿음'이었습니다. 교회가 사랑을 주장하면서 결국 교회와 예수 그리스도를 제거하는 일을 시작하였습니다. 100년이 지난 지금 세계 교회와 한국 교회에는 예수 이름이 사라지고 있습니다. 예수 이름이 단순한 도구로 전락했습니다. 예수 이름은 영원히 찬송 받을 거룩하고 전능한 하나님의 이름입니다.

교리를 부정하면 삼위일체 교리는 폐기되어야 하며, 성경 무오 신앙(축자영감)도 폐기되어야 합니다. 교리는 예수 그리스도를 아는 지식이기 때문입니다. 이 교리가 자기를 억압한다고 생각하면 예수 그리스도의 백성이 되지 못하고, 기독교인이 될 수 없습니다. 영을 분별한다는 것은 곧 믿음의 대상을 바르게 세웠는지, 믿음의 대상을 바르게 섬기고 있는지, 믿음의 계획을 바르게 세우는 지 등을 분별하는 것입니다. 모든 그리스도인은 영분별을 해야 합니다. 물론 다른 사람보다 좀 더 체계적으로 분별하는 은사자가 있습니다. 우리는 모두 그런 사람들의 도움을 받거나 자기 능력으로 반드시 영분별을 해야 합니다. 분별하지 못하면 자기가 먹는 것이 O인지 된장인지 구별하지 않고 마구 먹겠다는 자세와 동일합니다. 생명의 양식을 분별하지 못하면 사단이 주는 것이나 세속의 가르침을 다 받아 배만 부르면 된다고 생각하는 것입니다. 사도들은 교회 안에서 전하는 복음을 주의 깊게 분별하라고 명령했습니다.

교회가 추구해야 될 믿음의 대상과 행동 목적은 교회의 머리이신 '주 예수 그리스도'여야 합니다. 기독교 진보 진영에서는 '사회 참여'를, 보수 진영에서는 '기복 신앙' 혹은 '신비주의'를 주장합니다. 두 진영에서 교회의 머리를 무시하고 자기 사상만을 주장한다면 '기형 기독교'일 뿐입니다.

현재의 문제를 해결한답시고 현재만 보아서는 풀 수 없습니다. 현재를 위한 것이 아니라 긍정적인 미래를 위한 것입니다. 그렇기 위해서는 과거를 반드시 정립해야 합니다. 교회가 왜 실패했고 부패했습니까? 세속 권력과 물질을 도입하면서 부패했습니다. 그래서 지금은 제정분리를 주장합니다. 기독교가 세속화의 위협에 함몰되지 않고 순수 복음으로 선다면 미래에 천국의 열쇠를 보여주는 생명의 방주가 될 것입니다. 이 일을 위해서 영분별, 신학훈련이 필요합니다. 영분별을 위해서 자기 신학을 구체적으로 세워야 합니다. 흔들리지 않는 진리의 반석 위에서만 영을 분별할 수 있습니다. 작은 책자를 기획하면서 독자들에게 영적 분별력을 향상시키는데 일조하길 기대합니다. 우리를 부르신 구주의 음성, 곧 죄사함의 은혜 위에서 주의 능력과 권세를 증거하며 확장시킬 수 있기를 기대합니다.

부족한 사역자의 출판을 격려해준 신동식 목사에게 큰 감사를 합니다. 제가 계획하던 것을 성취해준 좋은 동역자이고 프로모터입니다. 따뜻한 격려로 이번 작업을 완수할 수 있었습니다. 선한 동역으로 선한 열매를 기대합니다.

주께서 보내신 성령, 예수 그리스도를 믿음으로, 오직 성경을 통해서.

2016년 12월 8일. 종교개혁 500주년을 바라보면서

고경태 목사

계시와 성경

하나님을 인식하는 것은 인간이 갖는 신비적 현상이다. 하나님을 인식할 수 있는 능력이 인간에게 '있다', '없다'에서 시작한다. 개혁신학은 죄인인 인간은 하나님을 항상 교만과 탐욕으로 왜곡해서 평가하고 창조한다고 이해한다. 그리고 죄사함을 받은 사람(중생된 사람)이 은혜에 의해서 알 수 있다고 제시한다. 그 때 하나님을 알 수 있는 유일한 방법이 '계시'이고 '성경'이다.

통상 하나님을 알 수 있는 방법은 복음 전도이다. 그러나 신학에서는 복음 전도 과정을 제시하지 않는다. 신학은 교회 안에서 펼쳐지는 복음 내용을 목표하기 때문이다. 그래서 복음 전도에 전념할 때 신학과 충돌을 경험한다고 한다. 그것은 신학의 목적을 잘 이해하지 못했기 때문에 발생하는 현상이다. 복음을 불신자에게 전도하는 것에는 하나님의 개별적인 역사가 일어나기 때문에 규범화할 수 없다. 개별 현상을 보편화하는 행동은 위험하다(일반화의 오류).

하나님께서는 아브라함의 후손들에게 자기의 뜻을 계시하셨다. 그 뜻은 메시아로 말미암아 이룬 구원이었다. 예수께서 언약의 성취, 임마누엘을 이루시기 위해서 유대 땅 베들레헴에서 태어나셨다. 30여년 동안 나사렛에서 생활하셨다. 그리고 3년 동안 갈릴리와 예루살렘에서 활동하시고 예루살렘 성전산(모리아)에서 죽으셨다. 그리스도의 나심, 생애(고난), 죽음, 부활, 승천, 성령강림, 천상통치, 재림은 복음의 요체이다. 그 복음을 신약성경에서 구약성경과 함께 명확하게 제시했다. 예수 그리스도를 아는 지식을 위해서 더 이상의 계시나 정경 문서가 필요 없다. 더 새로운 지식으로 더해지지 않는다. 구원을 성취한 예수의 사역 위에 계시와 성경의 충족성을 말한다. 그런데 20세기 말엽부터 은사 운동이 등장했고 중엽부터는 계시계속 운동(신사도 운동)으로 확장되어, 세계 교회에서 대세를 이룰 정도이다. 거기에서는 예수를 알지 않고 성령에 대해서 말한다. 예수는 어디에 있는가? 그리스도인이라고 하면서 예수를 찾지 않는다.

이러한 세대에 그리스도인은 어떻게 살아야 하는가? 생각하는 그리스도인이 되자(히 3:1, 살후 3:6-12). 맹목적 신앙(implicit faith)은 참 신앙이 아니다(고전 9:26). 참 신앙으로 바른 신앙을 이루어야 한다

(ex fide in fidem 믿음에서 믿음으로, 롬1:17). 그리스도인은 그리스도만을 믿고 고백한다.

계시: 연속인가? 불연속인가?

세계 교회 신학에서 '계시 이해'는 다양하게 있어 큰 혼란이 발생하고 있다. 크게 나누면 '계시 연속'과 '계시 불연속'이다. 오순절주의, 신사도주의와 함께 바울 신학에서 새관점 학파(NPP: New Perspective on Paul)의 대두로 계시 계속을 주장하여 새로운 국면을 맞이하고 있다.

계시는 일반계시와 특별계시로 구분하는데, 특별계시에 대해서 연속과 불연속에 관한 견해로 대립하고 있다. 또는 일반계시와 특별계시를 구분하지 않는 추세라고도 할 수 있다.

특별계시의 범위를 어디까지로 할 것인가? 성경으로 국한할 것인가? 아니면 성경 밖에 특별계시가 있다고 보아야 하는가? 사도 요한의 죽음과 함께 특별 계시는 문자로 결정되었는가? 아니면 다른 인격으로 전달되는가에 대한 논의이다. 개신교와 구교의 중요한 차이가 정경 범위와 함께 계시 문제에 있다.

웨스트민스터신앙고백서(Westminster Confession of Faith, 1645-1647년) [1] 1장에서는 성경 목록을 구약 39권과 신약 27권으로 총 66권으로 고백했고, 외경의 권위는 전혀 인정하지 않았다. 종교개혁에 대항한 역(逆)종교개혁(Counter-Reformation) 성격이 있는 트렌트 회의(Council of Trent, 1545~1563)는 종교개혁의 가르침을 명확하게 거역했다. 트렌트 회의의 결정에서 가장 먼저 결정한 것이 계시 부분이다. 로마 카톨릭은 성경과 전통을 동일하게 보며, 교황의 가르침을 통해서 계시가 계속된다는 체계를 확립했다.

중세 시대는 제롬(Hieronymus, 348 - 420)이 번역한 라틴어 역본(Vulgate)을 정경으로 삼았다. 제롬은 교회에 기여한 것보다 혼란을 제공한 것이 많다. 개인 번역인 벌게이트 역을 법인 역본으로 세운 것

---

[1] '웨스트민스터신앙고백서'는 'WCF'라는 약어로도 사용한다. 벨직신앙고백서(The Belgic Confession, 1561년)는 37조문인데, 3조에서 7조까지 성경 부분이다. 성경이 하나님의 말씀이고(3조), 정경이 66권이고(4조), 성령의 권위이고(5조), 외경이 일반도서이고(6조), 성경의 완전성(7조)에 대해서 고백한다.

은 이상한 일이다. 벌게이트에는 LXX(70인역)의 영향으로 외경을 포함했다. 397년 카르다고 공회의에서 정경 범위를 결정하였지만 정경 범위와 강제력에 대해서 명확하지 않았다.

중세 로마 교회는 외경을 가지고 왜곡된 교리를 교회에 정착시켰다. 16세기 종교개혁 진영에서 외경을 배격하여 정경 범위를 구약 39권, 신약 27권으로 확립했다. 역종교개혁인 트렌트 회의에서 가장 먼저 정경 목록에 외경을 포함하여 구약 46권, 신약 27권, 성경 73권을 정경으로 채택했다. 그리고 교황에 의해서 정경 외에 새로운 계시가 가능한 계시계속 구조를 확립했다.

기독교에 다양한 종파들이 있지만 하나님의 말씀, 성경의 범위와 목록이 일치하지 않는 경우가 많다. 로마 교회(천주교)는 구약이 46권, 동방 교회는 49권으로 다르다. 영국 국교회(성공회, 성공회 39개 신앙신조)와 루터파는 외경을 정경으로 확립하지는 않았지만 신앙 생활에 바른 가르침으로 합당한 권위는 인정했다. 칼빈파는 엄격하게 외경을 일반 도서로 규정하고 정경 66권으로 체계화했다.

정경 목록이 다른 큰 차이점은 '계시의 연속과 불연속'에 대한 이해이다. 구약 성경은 유대교 정경과 기독교 정경 범위가 동일하지만 목록이 다르다. 시작은 창세기로 동일한데 마지막에서 유대교는 '역대기'이고 기독교는 '말라기'이다. 유대교는 아직 메시아가 오지 않았기 때문에 계시가 계속되는 구조이다. 기독교는 말라기에서 예언한 엘리야(세례 요한)의 등장과 성육신한 구주 하나님으로 구원이 성취되었다.

말라기에서 엘리야(세례 요한), 그리스도의 초림까지 400년 동안을 '신, 구약 중간기'라고 한다. 외경은 주로 중간기에 형성된 문서들이다. 외경을 정경으로 하면 계시가 계속되는 것이고, 외경을 일반도서로 보면 계시가 중단된 것이다(참고 칼빈의 기독교강요 2권 5장 13절[2], 18절). 종교개혁진영은 외경을 정경으로 인정하지 않는다. 중간기에 정경에 합당한 문서가 없다. 즉 계시가 중지된 것으로 믿는다.

웨스트민스터신앙고백서의 가르침에 의하면 구약 정경 목록 39권과 마태복음 사이에 '계시는 단절(중지)'되었다. 외경을 인정하는 부

---

2) 기독교강요. 2권 5장 13절(생명의 말씀사). "주께서 떠나 가신다는 것은 예언을 중지하신다는 뜻이다"

류들은 계시 계속 사상을 견지한다. 400년 중간기에 계시가 계속되었다면, 신약성경 27권의 목록이 결정된 뒤에도 계시가 계속될 수 있기 때문이다. 그들이 세운 원리로 '하나님의 계시하고 싶을 때 언제나 계시할 수 있다'로 세웠다. 천주교(로마 교회)는 지금도 계시가 계속되기 때문에 중간기의 계시 진행에 대해서 큰 문제가 없다.

종교개혁의 가르침을 따라 외경을 정경 권위로 인정하지 않는다면 계시단절로 이해해야 한다. 신약성경 마지막으로 계시가 종결되었다고 믿는다면 중간기에 계시중지로 이해해야 합리적이다. 신약성경이 종결되었으면 특별계시는 성경으로 충족하여 종결된 것이다. 그렇다면 하나님은 우리 시대에 계시를 할 수 없다고 단정해야 하는가? 그렇지 않다. 충족된 계시에서 풍성하고 완전하게 구원을 복음 선포자를 통해서 선언하신다. 우리는 다리가 그려진 뱀은 뱀이 아니라고 확신한다.

1970년대 등장한 새관점 학파는 바울이 유대교를 잘못 이해한 것이고, 기독교도 유대교 사상과 활동 범주를 벗어나지 못했다는 주장한다. 정경 목록에 대해서는 시비하지 않지만 유대교와 연속으로 기독교가 세워졌기 때문에, 중간기 400년에도 하나님의 계시가 있었다는 것이고, 현재도 계시가 계속되는 구조에서 신학을 한다. '하나님의 신실성'을 주장하면서 계시연속주의를 견지하고 있다. 그리스도의 십자가(죽음)와 부활, 승천에서 계시가 완성되었다고 생각하지 않는 것이다.

계시가 계속된다는 주장에서 문제점은 성경의 권위를 훼손하는 것이다. 계시 전달이 계속되는 부류의 원류는 로마 카톨릭으로 '계시 전달자 기능을 하는 교황'이라고 주장한 것이다. 칼 바르트의 신학이 로마 교회를 비판하였는데도, 로마 카톨릭 교회에서 바르트 신학을 극찬한 것은 계시 연속성의 동질 때문이다. 바르트 신학에는 인간이 계시의 담지자와 전달자가 될 수 있는 신학의 구도이다. 그렇기 때문에 바르트의 신학이 로마 카톨릭 교회를 비판하지만 결국 교황의 권위를 침해하지 않았다. 그리고 오순절주의나 신사도 운동도 계시 연속주의를 주장한다. 각종 이단들도 계시 연속을 주장한다.

계시연속을 주장하면 계시 행위를 하는 교황의 권위는 침해 받지 않는다. 그러나 성경 66권, 계시충족, 계시중단이 진리이면 교황은 교회에서 배도자의 우두머리가 된다.

　계시 연속 개념에서 로마 교회의 신학의 구도와 오순절의 신학의 구도가 유사하다. 오순절주의가 비록 웨슬리안 환경에서 발생하였지만, 개신교가 아닌 로마 교회에 더욱 가깝게 있다. 1960년 제2차 바티칸 공회의에서 개신교의 일치점을 오순절주의로 보고 다양한 연구를 했다. 그런데 갑자기 종교다원주의를 수용하면서 로마 교회와 종교다원주의의 개신교의 사상으로 합의점을 도모했다. 그래서 WCC의 계시 이해는 '하나님이 하고자 하면 언제든지 계시할 수 있는' 계시계속 구도로 세웠다. 세 진영의 공통된 일치점은 '계시 연속 사상'이다. WCC 진영을 보라, 계시완료 가르침을 갖고 있는 단체가 있는지 확인해보라.

　둘째 계시의 연속성에서의 문제점은 '하나님의 성육신'의 탁월성이 사라지는 것이다. 종말의 시작인 하나님의 성육신이 계시의 연속된 시간에서 일반이 되어버린다. 단절된 계시에서 새로운 계시의 시작이 성육신과 함께 시작되는데, 그러한 신학 도식이 불가능하다. 성육신을 불식시키는 것은 예수 그리스도의 전체 구속 사역을 심각하게

훼손한다. 계시 연속을 주장하는 사상에서 '계시 전달자로서 제2예수'
로 채색하는 것이 가능하다.

1647년 웨스트민스터신앙고백서의 탁월성 중의 하나는 성경 목록
의 명확한 제시한 것이다.[3] 믿음의 선진들의 고백이 미래에 일어날
일들을 예비해둔 것이었다. 하나님의 경륜은 과거에 미래의 현상을
준비하게 하는 것이다. 그래서 교리는 교회의 서고 넘어짐의 조항(ar-
ticulus stantis et cadentis ecclesiae)이다. 종교 개혁은 오직 믿음(Sola
fide)에서 시작하여 오직 성경(Sola Scriptura)으로 완성했다.

성경 충족성(Sufficiency)을 거부하고 계시 연속을 주장하면, 성
경의 권위를 현격하게 폄하시키는 것뿐만 아니라 구주 예수의 구원
사역 구도를 재편성하는 불신앙이다. 계시 연속 사상에서는 계시자
를 성령으로 주장한다. 계시자는 '성령'이 아니라 '성자 하나님'이시
고, '성령'은 계시를 조명하여 수납하도록 한다. 계시의 목표는 예수
그리스도를 알아 믿음과 영광에 이르도록 하는 것이다. 성령이 계시

---

3) 웨스트민스터신앙고백서에서는 1장에서, 벨직신앙고백서에서는 3~7조에서 성경을
제시하고 있다. 뒤 부록에서 비교할 수 있도록 했다.

자로 주장하면서 이적과 표적을 통해서 하나님의 역사를 증명하려고 한다. 복음 시대에 하나님의 영광은 이적과 기사가 아니라, 선포에서 그리스도의 복음으로 나타나는 것이다. 말세에 미혹자는 표적과 이적으로 백성을 미혹한다(마 12:39, 마 16:4, 마 24장, 살후 2:9-10, 요일 2:18).

몰트만 신학에서 '창조자 성령'이 등장한다. 성령이 등장하여 삼위일체를 드러내지 않으며, 예수 그리스도를 아는 지식을 소멸시킨다. 몰트만 신학에서 십자가에 달린 하나님을 주장했지만, 그리스도의 보혈의 죄사함은 전혀 없다. 그렇기 때문에 죽은 자가 다시 살아나는 부활도 없다. 십자가의 구속의 효력과 천상의 그리스도의 통치를 소멸시키는 주장에 성령의 이름을 거들먹거리는 것은 성령의 사역을 혼란하게 하는 것이다. 성령은 예수 이름을 증거하며 영광을 받도록 사역한다.

웨스트민스터신앙고백서의 1장에서 고백하는 것처럼 성경은 완전하고 충족되었다(Sufficiency). 자연 수단이나 사람으로서 '특별 계시 전달은 종결'되었다. 특별계시는 오직 성경 66권이다. 계시 연속을 주장하려면 먼저 성경을 66권이라고 하지 않고 성경이 계속된다고 주장해야 한다. 계시 연속 사상에서 성경을 66권이라고 하면 하나님의 자유를 얽맨다고 생각한다. 계시를 완성하신 분이 하나님이시다. 완전히 만족한 하나님의 구원 경륜인데 아직도 부족해서 계시를 계속한다고 주장하는 것이 하나님을 전혀 알지 못하는 것이다.

우리 시대는 성경 66권을 너머 하나님의 계시가 발생한다고 주장하는 시대이다. 그릇된 가르침에 대해서 모르면서 따라가고 거짓 가르침에 흡수된다(엡 5:16, 마 24:36, 마 25:13, 살전 5:1-11). 바른 믿음에 서는 유일한 방법은 거짓 가르침을 분별해서 따르지 않는 것이다. 바른 믿음은 전혀 인간적이지 않다(요 1:13).

성경 66권 정경 목록을 믿는다면 구약 39권 후 중간기 400년 동안 계시 단절을 믿고, 신약 27권(66권)이 완료된 후에 계시 종결을 믿어야 한다. 오직 성경(Sola Scriptura)과 전체성경(Tota Scriptura)으로 하나님의 구원 경륜을 부족함 없이 완전하고 충분하게 알 수 있다.

자유주의와 현대신학은 같은 것인가?

자유주의 대표적인 신학자는 슐라이어마허, 리츨, 스트라우스, 바우어(튀빙겐 학파), 하르낙, 슈바이처 등이다. 현대신학에서 대표적인 신학자는 칼 바르트, 불트만, 틸리히, 몰트만, 판넨베르크, 로마 교회의 칼 라아너 등이다.

자유주의는 슐라이어마허에서 시작했고, 현대신학은 바르트, 불트만, 틸리히 세 사람에서 시작했다. 자유주의는 계몽철학의 시녀이고, 현대신학은 실존철학의 시녀이다. 모든 자유주의가 슐라이어마허와 동일한 사상을 갖는 것은 아니다. 슐라이어마허는 계몽 철학의 합리적인 견해에 대해 반동적인 요소가 있고, 리츨에게는 칸트에 속한 계몽 철학에 친숙하다. 슐라이어마허와 경쟁 관계에 있는 헤겔의 영향으로 튀빙겐 학파가 있다. 바우어에 의한 튀빙겐 학파에서는 신약 역사를 변증법 사관에서 재정립했다. 스트라우스는 예수전을 중심으로 전개했다. 이보다 더 많은 신학 방법이 자유주의 안에 있기 때문에, 신학을 탐구하는 학도에게 적지 않은 어려움을 주고 있다. 그래서 신학도들은 다양한 신학 정보로 엉킨 실타래를 정리할 수 없는 지경까지 왔다. 자유주의 최종적인 신학자라고 할 수 있는 슈바이처는 역사적 예수 탐구가 불가능하다고 선언했다.[4]

진퇴양난을 맞은 자유주의 상황에서 신학은 세계 1, 2차 대전까지 겹쳐 방향을 찾지 못했다. 이 때 스위스 자펜빌(Safenwil)이라는 시골에서 목회하고 있던 칼 바르트가 "로마서 주석(1919년)"을 출판하면서 새로운 돌파구를 세웠다. 이 저술은 현대신학의 문을 열었으며 자유주의 놀이터에 떨어진 폭탄으로 자주 표현되었다. 이것은 예기치 못한 우발적인 상황이었다. 바르트는 자유주의를 지향하는 지성인(신학자)들이 1차 대전에 찬성하는 것을 보면서 새로운 방향을 선언했다. 그 방향은 자유주의를 탈피하려는 몸부림이었지 정통신학으로 가려는 개혁이 아니었다. 그런데 바르트 신학에 등장하는 많은 정통 신학의 본문과 용어로 인해서 '신정통주의'라는 별칭을 얻었다. '신정통주의'라는 말이 안 되는 용어이고, '자유주의 정통신학'이라고 해

---

4) Albert Schweitzer, 「예수의 생애 연구사」 허혁 역(서울: 대한기독교출판사, 1995). Die Geschichte der Leben-Jesu Forschung, Von Reimarus zu Wrede, 1906. 2nd 1913. 영역(英譯) The Quest of the Historical Jesus, 1910.

야 정확하다. 2차 대전이 일어났을 때 나치즘을 반대한 바르트는 독일에서 스위스 바젤로 옮겨 사역했다. 불트만은 2차 대전에 동조하였고, 틸리히는 미국으로 망명했다. 히틀러에게 가장 강력하게 항거한 인물은 루터파의 본 회퍼로 독일 안에서 저항 운동을 전개했다. 바르트가 바르멘 선언(1934년)을 작성하였지만, 정작 독일의 국가교회, 나치즘에 항거한 고백 교회의 중추적인 역할은 본회퍼가 했다.

지금은 1기 현대신학자들을 계승한 3차 계승자들이 활동하고 있다. 한국 교회에서 해외 유명한 기독교 석학이라고 칭송받는 분들은 현대신학의 거대담론을 거부하지 않는다. 한국에서 유명한 석학인 앨리스터 맥그라스는 발티안으로 분류할 수 있다. 신약학계에서는 불트만 계열보다 더 과격한 새관점학파가 자리하고 있다.

현대신학은 전혀 자유주의와 같지 않다?

자유주의는 기독교 요소(예수, 교리 과정)를 역사적으로 이해하고 증명하는 것을 추구했는데 실패했다. 교리가 역사 문서이지만 이해

문서가 아니라 믿음 고백 문장이라는 것을 견지하지 않았기 때문이다. 현대신학은 기독교 역사 증명이 실패한 상황에서 기독교를 개인의 주관적인 상황(실존주의)으로 전개했다. 그래서 현대 신학에서는 '역사'에 대한 정립이 필요했다. 현대신학은 자유주의가 확립하지 못한 '객관적 역사'에서 새롭게 '역사'를 정립해야만 했다. 그래서 현대신학을 이해하려면 역사에 대한 인식(Geschichte와 Historie)이 매우 중요하다. 자유주의는 '객관적 역사'(증명이 가능하고 보편 타당한)를 세우려고 했지만 실패했고, 현대 신학은 '역사(Geschichte)'를 세워가고 있는 중이라고 했다. 헤겔의 역사 개념이 신학화되었다. 자유주의는 이성으로 기독교 학문을 이루려 했고 현대신학은 자유를 향한 인류정신을 추구한다. 자유주의와 현대신학은 내용과 방법은 다르지만, 인간이 주도하고 무한한 가능성을 주장하는 것에서는 동일하다. 자유주의와 현대신학은 인간 예수를 근거하여 위로부터 오신 하나님의 성육신을 거부하는 것에서 동일하다.

자유주의 신학은 변하지 않는 역사를 탐구했지만, 현대신학은 발생하는 역사를 느끼려고 한다.

자유주의와 현대신학의 공통점은, 첫째 구속주 하나님이 없다는 것이다. 둘째 성경의 절대성(권위)을 부인하거나 거부한다. 셋째 교회의 필요성을 약화시키거나 혹은 거부한다. 세 요소는 구원받지 않는 상태의 자연인이 가질 수 없는 요소이다. 자연인에게 창조주 하나님이 있고, 인간의 무한한 가능성이 있고, 무한한 인류애가 있다.

현재는 현대신학이 세계 교회와 한국 교회에 풍미하고 있다. 현대신학은 종교다원주의 신학이다. 구주 예수로 세워진 절대 진리 체계를 거부하고 무한한 하나님의 사랑을 강조한다. 무한한 하나님의 사랑에서는 판단할 수 없기 때문에 모든 사안에 대해서 유보적 자세를 취한다. 그리고 현재 자기 주관적인 감정에 호소한다. 현대신학에서 '참'은 현재 자신이 느끼는 가치에 있다. 현재 내가 느끼고 결정하는 것에 옳고 그름을 판단할 기준이 없다.

필자는 독자들이 현대신학의 멋있고 화려한 미사여구에 속지 않기를 바란다. 너무나 합당하고 풍부한 지식에 현혹되지 않기를 바란다. 죄인을 구원하는 능력은 하나님의 미련한 십자가를 통해서만 이

루어진다. 기독교는 교회의 머리이신 그리스도에 의해서만 확립되고
유지될 수 있다.

풍미하는 신학들

필자는 존 스토트가 한국 교회에 끼친 영향력을 잘 안다. 존 스토
트는 유럽 신학계에서 보수적이고 복음주의 학자로 평가 받고 있다.
그럼에도 그의 저서 "비교할 수 없는 예수 그리스도"(IVP, 2002)를 보
면 예수에 대해서 많은 내용을 진술하는데, 정작 자신이 믿는 예수에
대해서는 제시하지 않았다. 존 스토트는 "비교할 수 없는 예수 그리스
도"에서 예수에 대한 자기 지식을 제시하는 것이 아니라, 예수처럼 많
은 해석과 이해를 가진 위인이 없다는 것을 제시하는 것이었다. 그런
내용으로 예수의 무엇을 명확하게 믿어야 할지 알 수 없었다. 그래서
그 책을 읽을 때 독자들이 예수를 어떻게 믿어야 할 길을 찾지 못한다.
이것이 현재 보수적이고 성경적이라는 학자(목사)의 견해였다. 필자
는 존 스토트를 영국 국교회 목사라고 말한다. 장로교의 목사가 아니

고 개혁파 신학자도 아니다.

유럽의 신학은 계몽철학의 아류, 철학의 시녀에 불과하다. 칸트 철학, 헤겔 철학의 아류가 자유주의이고, 하이데거의 신학의 아류가 현대신학이다. 신학자들은 17세기부터 20세기까지 유럽 지성을 거부하지 못하고 답습하고 설명하는 수준으로 반복했다. 시대정신을 거부하지 못하고 시대정신에 영합한 신학이었다. 현재 출판되는 많은 신학 서적들은 이러한 시대 흐름에서 자유롭지 않다.

한국 교회는 매우 독특하게도 장로교 선교사들이 많이 들어와 사역해서 장로교가 많은 기이한 현상이 발생했다. 장로교이지만 미국 부흥운동의 영향이 컸기 때문에 순수한 복음 열정으로 한국 교회에 들어왔다. 그리고 부흥운동에는 장로교 사상과 정치원리가 상대적으로 약했다. 그래서 초기 선교사들은 조선에 한 기독교를 세우려고까지 시도했었다. 그러한 정신은 한국 교회에 아름다운 풍토이기도 하다. 그러나 분별력을 약화시키는 부정적인 면을 가지고 있다. 한국 교회는 미국 교회 부흥운동의 공통분모였던 성경을 사랑하고, 선교와 기도에 열정을 계승했다. 그러나 명료한 믿음 체계를 이루지 못했다. 미숙한 수준에서 한국 교회는 대형화를 이루었다. 신학이 성숙하지 못한 수준에서 교회 외형 규모는 세계적으로 거대해졌다.

한국 신학교에서 배운 신학도들에 외국에서 공부했는데, 그들이 공부하는 신학 상황은 현대신학의 흐름을 선도하고 있었다. 외국 박사학위를 받고 신학교에서 가르쳤다. 학문이라는 미명 아래서 한국 교회에 있는 순수한 복음 가치를 무시하고 새로운 이론을 도입시키려고 노력했다. 신학에 입문한 신학도들이 경험한 첫 강의에서 접한 신지식은 옛 순수한 구원 지식을 지우고 재설정(re-booting) 했다. 신학교에서 교회가 가르치던 것을 이반한 것이다. 한 세대가 지나가자 이제는 교회도 신학교의 수준과 동일해 졌다. 신학교에는 현대신학이 넘쳐나고, 교회는 신비주의, 기복주의가 넘쳐난다. 그렇기 때문에 출판되는 서적들도 그러한 부류가 많다. 천주교 사제인 헨리 나우엔이 개신교도들에 의해서 베스트셀러가 되었다. 영성 운동이 무분별하게 도입되었고, 영성 운동을 하는 사역자가 신령한 사람으로 인기를 얻는다. 기도원이 쇠퇴하고 수도원(영성센터)이 흥왕하고 있다.

'영 분별'이란 옳고 그름만을 말하려는 것이 아니다. 내가 가고자 하는 방향에 합당한 생각과 행동을 고백하는 것이 우선한다. 영 분별력은 타인을 판단하여 정죄하기 위한 것이 아니다. 영 분별력은 타인을 판단하며 비교하며 나를 더 새롭고 강하게 하는 것이다. 철이 철을 날카롭게 하는 것처럼(잠 27:17), 상대를 만나면 더욱 영혼의 분별은 예리해지고 맑아진다. 또한 영을 분별해야 하는 것은 타인을 이해하고 더 강하고 새롭게 성장할 수 있도록 돕기 위한 것이다. 이웃을 알아야 도울 수 있다. 영을 분별하지 못하고서는 돕거나 치료할 수 없다. 그렇기 때문에 이웃을 사랑하면 할수록 영을 바르고 정확하게 분별해야 한다.

풍미한 신학들 속에서 한 길, 나의 갈 길을 아는 것은 더욱 필요하다. 최소한 양비론자, 회의론자는 되지 말자. 부정신학에 근거한 신비주의가 현대신학에 있어서 회의적 경향이 의외로 많다. 하나님의 절대성과 광대함을 주장하면서 미로에서 나오지 않는 것이 회의론이다. 모든 것을 판단하지 않아 겸손하고 온유하게 보일 수도 있다. 그러나 어떤 것도 책임지지 않으려는 무책임한 방임주의이다. 서로가

서로를 배려한다면서 방임하는 것이 현대 도시의 삶의 체계이다. 상대에 대해서 이해하려고도 하지 않고, 상대방이 나를 이해한답시고 간섭하는 것도 싫어한다. 그래서 말 못하는 반려동물을 친구로 삼아 인격을 투사해서 교제하려고 한다. 그리고 친구가 없기 때문에 비용을 지불하고 상담사를 찾아 이야기해야 한다.

고대 교회에서 이단으로 정죄된 아리우스와 네스토리우스의 신학은 공식적으로 폐기되었지만 가르침과 영향력은 사라지지 않았다. 중세 시대에는 펠라기우스가 아우구스티누스와 격돌해서 이단으로 정죄되었지만, 펠라기우스의 가르침과 영향력은 사라지지 않았다. 종교개혁이 일어났는데 알미니우스 등 다양한 이견들이 발생했다. 그런데 계몽철학 후에 더 심각한 지경으로 다양한 신학 이론이 배출되었다. 슈바이처가 자유주의에서 일어난 예수 탐구를 집약하였지만, 그 뒤로도 더 다양한 견해들이 쏟아졌다. 신학자들은 자기의 독특한 학문 체계를 위해서 더 다양한 견해들을 쏟아내고 있다.

사단의 궤계는 십자가에서 머리를 맞아 궤멸되었다(창 3:15). 그럼에도 사단은 공중권세자로서 마지막까지 여인의 후손을 박해한다. 복음의 정진은 놀라웠고 로마 제국을 기독교 제국으로 변화시키기까지 했다. 그럼에도 교회 안에 가라지도 무수하게 성장했다. 그러나 가라지는 믿음의 파수꾼들에 의해서 항상 격퇴되었다. 그런데 도저히 무너뜨릴 수 없는 큰 가라지인 교황주의가 세워졌다. 루터와 칼빈은 교황주의에서 개혁하여 개혁된 교회를 세웠다. 개혁된 교회는 새로운 교회가 아니라, 아우구스티누스 신학의 재생이고, 고대 교회 신학을 믿음과 성경으로 확립한 것이다. 그 개혁된 교회에도 대항한 세력이 있다.

신교와 구교로 나뉜 서방 기독교는 더 이상 참과 진리를 규정할 수 있는 권위체가 되지 못했다. 동방 기독교는 중세 이슬람과 근세 공산주의에 의해서 영향력을 발휘할 수 없게 되었다. 그런 교회 안에 철학화된 기독교 신학이 가득했다.

사단의 궤계는 진리를 억압했다. 고대 교회의 침묵의 정진은 로마 제국을 기독교 국가로 변화시켰다. 사단의 궤계는 교회 지도자를 부패시켰다. 교회는 지도자의 절대적 위치에서 분별을 허락하는 구조로 개혁했다. 칼빈은 교황주의의 폐단을 구체적이고 예리하게 지적

했다. 확실한 진리의 깃발을 세웠다. 사단은 진리를 도저히 지을 수 없게 되었다. 진리를 분별하지 못하도록 '유사한 가르침'을 수 없이 뿌려 놓았다.

교회는 수 없이 많은 이론을 분별하거나 가늠하지 못하고 바른 가르침에 대한 방향 감각을 상실했다. 한국 교회는 매우 보수적이고 엄격하게 진리 기준을 적용했었다. 그런데 이단으로 정죄된 단체들이 집요하게 교회로 진입을 시도했고 애매한 방법으로 침투해서 성공한 사례도 있다. 그리고 최근 유수한 교단에서 특별사면위원회를 조성하여 이단을 해제하고 주도하려는 모습을 보이기도 했다. 지금 한국 교회는 이단을 분별하는 기능을 거의 상실했다. 오히려 이단이 옳을 수도 있다고 회의주의적 자세를 보인다. 그런 자세가 '살린다'는 참신한 모습이라고 외친다. 곧 교회에 규정적인 가르침이 사라질 때가 올 것이다.

서양 교회에서는 오래 전에 이단을 규정하는 규례를 하지 않았다. 미국에서는 안식교, 몰몬교 등이 이단이 아니라고 주장하기도 한다. 어떤 것에 대해서 판단하면 부당한 시대가 왔다. 그런 수준으로는 영을 분별할 수 없다. 가장 피해를 입는 것은 교회이고 성도들이다.

영을 분별하기 위해서는 많은 신학들 속에서 그 사단의 궤계에 함몰되지 않고 거룩한 길, 구원받은 당신을 부른 주 예수를 믿음에 서야 한다. 믿음의 주 예수를 온전히 고백하고 주장하는 방법이 영을 분별하는 유일한 방법이다. 신학에서는 예수의 이름과 권세를 잘 드러내는지를 판단하는 것이 가장 쉬운 방법이라고 제안한다.

그리스도인은 수 많은 신학들이 흩어져 있다는 것을 인지해야 한다. 그리고 아무리 유명한 신학자라도 바른 신학이 아닐 수 있음도 인지하여야 한다. 그 유명하다는 신학자들은 철학의 아류를 벗어나지 못하기 때문에 기독교 유일의 바른 신학이 아니다. 영을 분별하기 위해서는 자기 믿음을 정립하여 그 근거에서 명확하게 다른 신학을 검증해야 한다. 진리는 이 땅에서 탁월한 학자나 다수가 합의해서 결정하는 것이 아니라, 하늘의 주 예수께서 택자를 부르시어 구원하심에 있다.

하나님을 아는 지식

구약 시대에 하나님을 아는 지식은 신명기 6:4, "이스라엘아 들으라(쉐마) 우리 하나님 여호와는 오직 유일한 하나님이시니"를 근거로 '유일신'을 기본으로 한다. 유일신 체계는 당시 다신교 상황에서 우월하게 발전한 체계가 아니다. 유일한 하나님께서 자기를 계시하신 것이다. 기독교는 구약 성경에서 계시한 유일신을 명확하게 신봉한다.

그런데 '나사렛 예수'를 교회가 '하나님'으로 고백하면서 하나님에 대한 발전된 이해가 개진되었다. 초기 기독교는 로마 제국에 의해서 박해를 받아 생존을 위협 받았다. 그래서 교회 안에 이견에 대해서 통제하지 못했다. 그런데 기독교가 313년 콘스탄티누스 황제에 의해서 공식 종교로 인정받았다. 황제는 교회 안에 여러 견해에 대해서 충격을 받았다. 그래서 제국 안에 기독교를 한 믿음 체계를 이루려고 325년 니케아에 보편 교회 회의를 소집했다. 당시 상황 보고에 의하면, 공회의에 참석한 교부들은 모두가 고난의 흔적을 갖고 입장했다고 한다. 그런 교부들 중에서 정통과 이단을 구분했다. 당시 공회의에 참석한 모든 교부들 중에서 '예수가 하나님'이심을 부정한 교부는 한 명도 없었다.

성경 독자가 구약 성경에 나타난 '여호와'를 성부 하나님으로 보거나, 신약 성경에 '하나님'을 볼 때에 '성부 하나님'으로 직접 이해하는 방식은 정확한 이해가 아니다. 민 6:24-27에서 '여호와'의 이름이 3번 등장하는데(복, 은혜, 평강) '삼위의 사역'으로 이해할 수 있다. 고린도후서 13:13에는 '예수 그리스도', '하나님', '성령'이 등장한다(은혜, 사랑, 교통). 삼위일체의 복 선언(Benediction)이다.

고대 교리 문장에 '삼위일체'를 결정하는 문장은 없다. 다만 종교개혁 후 신앙고백서에는 '삼위일체'라는 단어가 등장한다. 고대 교리 문장에는 아버지와 아들이 동일본체(homoouison)임을 고백했다. '하나님'과 '아들'을 동일화하거나(성부수난설), 아버지와 아들을 분리(아리우스/창조된 예수, 사벨리안/변형된 예수)해도 삼위일체를 이루지 못한다.

성경에 제시하는 여호와, 하나님을 성부 하나님으로만 단정할 수도 없다. 성경에서 '하나님'은 '삼위일체'일 때도 있고, 구별된 '삼위격의 각 위격'을 지시할 때도 있다. 사도행전 20:28에서 '하나님의 피로 사신 교회'에서 하나님은 성자 하나님을 지시한다.

'하나님 믿음'과 '예수 믿음'을 구분하자

그리스도인은 하나님을 믿는 사람인가? 예수를 믿는 사람인가? 교회에서는 두 질문, 두 믿음이 서로 다르지 않다고 생각하고 사용하는 것으로 보인다. 정확히 말하면 두 믿음은 다를 수도 있고, 같을 수도 있다. 그런데 현재 신학계에서는 두 믿음을 구분하고 있다. 종교다원주의 사상이 대두하면서 두 질문 중에 한 문장을 선택해야 하는 기로에 섰다. '예수 믿음'과 '하나님 믿음'은 구분하는 진영이 생겼다면, 모든 사람도 반드시 구분해야 한다.

본래 '하나님 믿음'에는 '예수 믿음'이 내포되어 있었다. 그러나 '하나님 믿음'을 강조하는 종교다원주의 진영에서 '예수 믿음'이 아닌 '절대자 하나님 믿음'만을 강조하면서 분리시켰다. 기독교 신학에서 '예수 없는 기독교'의 시대가 시작되었다. 폴 니터(Paul Knitter)라는 신학자는 「예수 이름으로만?」(한국신학연구소, 1986)으로 타 종교와 대화와 협력을 시도하는 구도를 세웠다. 신중심의 신학(God-centered Theology)에는 예수는 없는 기독교가 가능하게 되었다. 어떤 이는 신-중심과 그리스도-중심(Christ-Centered Theology)의 두 믿음에 차이가 없다고 주장하기도 한다. 그러나 신-중심 신학에서는 그리스도-중심의 신학과 차이를 주장하고, 그리스도-중심이 신학을 거부함을 확정했다. 한국 한신대 김경재 교수는 「이름 없는 하느님」(삼인, 2002)에서 유일신 믿음 체계 기독교를 비판하며 다원주의적 기독교를 세웠다. 진보 계열 신학으로 생각하지만 신학의 흐름을 거부하거나 부정하지 않는다면 결국 시대 신학 흐름에 편승하게 된다. 그래서 그리스도인은 '하나님 믿음'과 '예수 믿음'을 구분해서 사용해야 한다. 구분하지 않으면 결국 종교다원주의로 다신론이 가능한 기독교에 자신이 서 있을 것이다. 언젠가는 자연스럽게 그리스도 믿음을 주장하는 사람들을 거부하고 정죄하고 있을 것이다. 그런 행동이 부당하게 느끼지도 않을 것이다.

두 구분된 믿음의 시대에 목회자와 성도가 동일하게 믿음을 인식해야 한다. 먼저 교회의 지도자가 자신의 믿음이 '하나님 믿음'인지? '예수 믿음'인지를 구별해서 인식해야 한다. 또한 교회의 지체들도 목사가 하나님 믿음인지? 예수 믿음인지를 구별해야 바른 성도의 교제를 이룰 수 있다. 교회는 한 믿음의 교회이기에, 두 믿음이 한 교회에 존재하는 것을 용납하지 않는다. 두 믿음 중에서 결국 한 믿음만이 천국 영생을 얻을 수 있다. 그리고 오직 한 믿음만이 하늘에서 주신 믿음이다. 주 예수께 부름받은 백성은 반드시 부르신 주와 구주 예수를 믿어야 한다.

'하나님 믿음'이란 절대자의 은혜, 절대적인 사랑과 무한한 은혜가 조건 없이 수여됨이 강조하며, 오직 믿음(sola fide)을 강하게 주장하고 몰입과 집중을 강조한다. '예수 믿음'은 믿는 자의 몰입과 집중이 아닌, 믿음의 대상을 명료하게 바라보며 찬양을 강조한다. 믿음으로 믿음의 대상의 인격과 실체를 더욱 명확하게 알아가는 은혜를 받는다.

오직 믿음(sola fide)을 강조하기 때문에 바른 믿음이 아니다. 오직 성경을 강조하기 때문에 바른 믿음이 아니다. 믿음으로 무엇을 하는지 분별해야 한다. 구주 예수를 더욱 믿고 의지하며 붙들도록 훈련시키는 것이 좋은 훈련이다.

전자는 믿는 자의 몰입과 집중으로 흐름을 강조하고, 후자는 믿음의 대상의 은혜와 지식을 강조한다. 전자의 믿음은 모든 종교에서 가능하기 때문에 종교다원주의가 가능하고, 후자의 믿음은 기독교에서만 가능한 '오직 예수'이기 때문에 종교다원주의를 허용하지 않는다.

예수 그리스도의 교회는 머리이신 구주 예수 믿음의 체계를 더욱 확고히 해야 한다. '오직 믿음'을 외치는 것이 '오직 예수 믿음'을 외치는 것으로 정확하게 인식해야 한다. 예수 십자가의 구속의 제사로 죄사함을 이루었고 아버지 하나님과 화목을 이루었다. 예수의 중보 없이는 누구도 아버지 하나님께로 나아갈 사람이 없다(행 4:12). 구주의 중보 사역은 영원한 사역이 되어 구원받은 백성에게 영원한 찬양을 받는다. '할렐루야'로 영원한 찬양을 드릴 백성은 자신이 드리는 찬양의 대상을 바르게 아는 것은 믿음의 필수적인 사항이다. 영원히 찬양받으실 우리 구주 예수를 찬양하라. 할렐루야.

'유일한 하나님'과 '삼위일체 하나님'

2013년 부산에서 개최된 WCC(World Council of Churches 세계
교회협의회, 1948년 창립) 때문에 한국 교회가 혼란을 겪었다. 과연
WCC 개최에 대해서 교회는 어떤 입장을 가져야 하는가? 찬성, 반대
혹은 유보? 그래서 2013년은 한국 교회에 큰 변화의 역사가 한 번 또
온 것이다. 1959년 한국 교회는 WCC 가입 문제로 예수교 장로회는
합동과 통합으로 분열했다. 그런데 2013년에는 그 WCC가 한국 땅 부
산에서 개최되었다.

WCC가 기독교 올림픽으로 비유되는 성대한 잔치인가? 아니면 한
국 교회를 분열시키는가? 찬성 진영이 성장하는 것인가? 반대 진영이
추락하는 것인가? 기독교와 종교가 화해하는 것인가? WCC에 로마 카
톨릭이 회원단체가 아니지만, WCC가 마친 뒤에 한국 교회에는 로마
카톨릭이 포함된 신앙과 직제협의회가 설립되었다.

1959년 한국 예수교는 WCC에 가입하는 문제로 격돌했다. 격돌
의 주된 이유는 신학적인 문제보다 정치적인 문제였다. 주요 이슈

가 "WCC는 용공이다"였다. '용공(pinko)'은 공산주의는 아니지만 공산주의에 동조하고 협력하는 좌파적 성향에 대한 부정적 칭호이다. WCC가 용공인가에 대해서 '용공이 아니다'라고 주장하여 분립할 쪽이 통합 측이다. 합동측 에서는 '용공이다'라고 주장하며 대립했다. 이면에 다른 산적한 교계의 정치적인 문제들도 있었다. 그러나 WCC 가입 문제의 이슈보다 더 크고 심각한 것은 없었다. 정치적인 문제로 교회는 나뉠 수 없고 나뉜 적도 없다.

1959년에 WCC에 대한 신학적으로 명확하게 이해하지 못했기 때문에, 2013년 WCC 개최에 대한 사안에서 한국 교회가 다시 한 번 찬성과 반대로 토론을 하게 되었다.

이번에는 '용공 문제'가 아니라, '종교다원주의 문제', '동성애 허용', '개종전도활동 금지' 등에 대한 것이었다. 즉 1959년과 같은 정치적인 문제가 아닌 믿음의 정수인 신학 문제가 토론된 것이다. 1959년에도 정치 문제인 용공 문제로 교회가 나뉜다는 것은 불가능한 것이다. 세속 사안으로 교회가 나뉠 수 없다. 그러나 신학(믿음) 문제로는 교회가 분쟁할 수 있고, 다른 신학에서는 나뉘어야 한다.

필자는 WCC에서 추구하는 신관을 '유일한 하나님'이라고 이해한다. 이 신관은 칼 바르트가 개진하여 기독교에 소개한 신관이며, 종교다원주의의 근본 신관이다. 헤르만 바빙크는 '유일한 하나님' 개념이 스피노자가 체계화시킨 범신론적 신관으로 철학과 기독교(슐라이어마허)에 유입된 것으로 제시했다.[5]

필자는 자유주의 신학에서 체계화되지 않는 신학을 체계화하여 기독교 신학을 정립한 사람이 바로 '칼 바르트'라고 주장한다. 바르트는 기독교 정통 신학의 '삼위일체 하나님'에서 '유일한 하나님'으로 변형시켜 체계화시켰다. 자유주의 신학에서는 삼위일체 신관에 대한 언급이 전무하지만, 바르트에 와서 매우 체계적으로 구성했다. '유일한 하나님'과 삼위일체에 대한 설명이 바르트의 「교회교의학, I/1」에 진술되어 있다. '§8. 계시에서 하나님'에서 발트는 '파괴되지 않은 구별성'을 제시하여 유일성을 견지했다. 바르트는 'Der Dreieinige Gott'라고 했는데, 영어 번역에서는 'The Triune God'로 번역했고, 한글로 번역한 박순경은 '삼위일체 하나님'로 번역했다. 바르트는 'trinitas'와 'der

---

5) H. 바빙크, 「개혁교의학, 2권」 박태현 역, 부흥과개혁사, 133-135.

dreieinige Gott'를 구별하여 사용했기 때문에 번역에서도 구별된 단어가 있어야 한다. 영역(英譯)에서는 'Trinity'와 다른 'Triunity'라고 구별하여 번역했다.

바르트 신학에서 신에 대한 위격 개념이 없기 때문에 '삼위일체'로 번역하는 것을 피하고 구별된 단어가 있어야 한다고 생각한다. 그런데 한국 번역에서는 혼용하거나 구분하지 않는 사례가 많다. 필자는 '삼일하나님'으로 번역하는 것을 제안한다. 교회교의학 1/I, §9.에서 박순경은 '삼위일체(Trinitas)'로 '삼위일체성(Gottes Dreieinigkeit, Triunity)'으로 구별하여 번역하여, '삼위일체'와 다름이 번역에서도 나타난다. 칼 바르트는 전통적인 '일체에 세 위격' 하나님에서 '한 존재에 세 존재양식(Seinsweisen, modes of being)'으로 전환했다. 즉 바르트의 신학에서 정통 신학의 '삼위일체 하나님'과 다른 새로운 신의 존재방식으로 '유일한 하나님'을 정통신학의 순서를 따라 다른 내용으로 체계적으로 제시한 것이다.

칼 바르트의 신 이해는 WCC의 신 이해에 그대로 반영되었다. 즉 '유일한 하나님(the one God)'에서 아버지, 아들, 성령의 세 존재양식

을 말하는 구조는 칼 바르트가 제시한 신학의 도식이다.[6]

한국교회는 WCC 찬반논쟁을 떠나서 영적 분별의 수준을 높여야한다. 그것은 '유일한 하나님'과 '삼위일체 하나님'을 분별하는 것이다. 삼위일체 하나님에서는 '그리스도의 신성'과 '그리스도의 구속 은혜'가 강조되지만, 유일한 하나님에서는 '절대적 하나님의 사랑'이 강조된다. 자유주의에서 기독교의 본질을 사랑의 종교로 규정했다. 정통 기독교에서 기독교의 본질은 성육신하신 하나님의 은혜에 있다.

삼위일체 하나님 기독교에서는 '영원한 구속경륜'이 강조되지만, 유일한 하나님의 기독교에서는 "하나님의 자유"기 강조된다. 하나님의 유일성을 강조하는 믿음이 유일신 신앙을 높이는 것이 아니라 종교다원주의로 가는 길이다. 다양한 종교가 유일신 아래에 포함되어있기 때문이다. 다신교처럼 보이지만 결국 유일신앙의 한 범주에 있다고 선언한 것이다. 그렇기 때문에 종교· 대화를 통해서 화해를 이루려고 한다. 기독교는 종교 대화(변증, 비교)를 통해서 전도를 하려고 한다.

---

6) (비교), WCC의 홈페이지(http://www.oikoumene.org/)와 「교회교의학, I/1」, 9. 삼위일체성, 10. 아버지, 11. 아들, 12. 성령의 순이다.

하나님의 유일성(unitas singularitatis)은 반드시 삼위의 단순성(unitas simplicitatis)과 함께 제시되어야 한다(unitas, tres proprietas). 기독교의 신은 삼위일체 하나님으로 살아계신 인격 존재이시다.

WCC에 개최에 반대 운동에 대한 평가를 WCC 진영에서 백서를 발간하면서 의견을 제시했다.

"WCC 부산총회를 준비하던 초기 상당수의 한국인 복음주의 지도자들이 WCC 총회에 참석하려는 의사를 보였으나 전투적 반대자들의 공격 때문에 이들의 참여가 보장되지 못한 부분은 크게 아쉬움으로 남는다. WCC 총회를 물리적으로 반대하는 데 참여한 교단은 예장합동과 브니엘이었고, 단체로는 한국기독교총연합회와 그들과 결탁된 다락방, 그리고 이단종파와 일부 광신적 종교단체들이었다. 이번 WCC 부산총회 반대운동의 특징은 기성 보수교단들과 이단들이 협력하는 형태를 보였다는 것이 특징이다. …일부 기독교신흥종파들의 경우에는 '한국기독교총연합회'에 가입하여 이단의 이미지를 벗어보려던 노력의 일환으로 '한국기독교총연합회' 일부 지도자들이 주도하는 WCC 공격에 협조한 것으로 보인다."고 평가하고 있다.

- 교회연합신문, 2014년 12월 6일자, WCC 부산총회 반대운동은 "한기총과 이단들의 합작품"

순수하고 열정적인 자세로 WCC 반대 운동을 했는데, 답변은 이단과 연합한 반대 행위로 결론되었다. 다양성이 확보된 사회에서 자기 주장을 하려면 엄청난 준비와 연구를 해야 한다. 자기 생각만을 상황을 고려하지 않고 주장하는 것은 폭력에 가깝다. 신학 논쟁에 감정으로 선동하는 것은 매우 위험한 행동이다. 감정과 선동으로 진리는 이룰 수 없다.

삼위일체와 성령의 내주에 대한 이해

Since the three Persons of the Trinity possess the same identical, Each is truly God, exercising the same power, partaking equally of the Divine glory, and entitled to the same worship. When the word "Father" is used in our prayers, as for example in the Lord's prayer, it does not refer exclusively to the first person of the Trinity, but to the three Persons as one God. The Triune God is our Father. Loraine Boettner, Studies in Theology (Phillipsburg, NJ: The Presbyterian and Reformed Publishing Company, 1947), p. 107

[번역] 삼위일체의 세 위격은 각각 참된 하나님이시고 동일한 권세를 갖고 있고, 동등한 신적 영광을 취하며, 동일하게 예배를 받아야 한다.

주기도문의 말씀에서, 우리의 기도 안에서 '아버지'라는 단어가 사용될 때, 그것은 배타적으로 삼일성의 첫째 위격만을 가리키는 것이 아니라 한 하나님인 세 위격들을 가리킨다. 삼일 하나님께서 우리의 아버지이시다.

로레인 뵈트너가 설명하는 주기도문에서 등장하는 '아버지' 이해이다. 이에 대해서 필자는 예배와 기도의 대상에 대해서 명료한 이해가 부족하다고 평가한다. 예배와 기도의 대상은 동일해야 한다. 그렇다면 예배와 기도는 누구에게 드리는 것인가? 요한계시록에 너무나 명확하게 나타나고 있다. 요한계시록 4장에서 등장하는 '하늘 보좌' 그 위에 앉으신 이(1-3절), 그 주위에는 24 보좌에 24 장로가 머리에 금면류관을 쓰고, 보좌 앞에는 유리 바다, 네 생물이 있다. 24 장로들은 보좌에 앉으신 이를 '주 하나님'으로 경배한다. 요한계시록 5장에서는 보좌에 앉으신 이의 오른손에 책을 '어린양'이 취하자 24장로들이 구속의 찬양과 영원한 권세를 찬양하며 경배한다. 요한계시록 5:8에서는 '성도의 기도들'을 24 장로들이 거문고와 향이 가득한 금대접으로 어린양께 드린다. 즉 기도와 예배는 "보좌에 앉으신 이의 오른손에 책을 취하신 어린양"께 드리는 것이다.

그런데 주기도문에서 등장하는 '아버지'께 드리는 기도에 난점이 발생한다. 요한계시록에서 24장로와 천군천사의 천천과 만만이 피로 사서 하나님께 드리는 구속의 영광을 세세토록 드린다. 사도행전에서 사도들은 주께 기도했다.

'the three Persons of the Trinity'(삼위일체의 세 위격)과 'the Divine of God'(하나님의 신성)은 구분해서 이해해야 한다. 위격(person)은 세 위격으로 구분되지만, 신성은 세 신성으로 구분하지 않기 때문이다. 삼위일체는 신성에서 동일하지만 위격에서 구분하다. 신성에서 동일은 창조와 구속 모든 사역에서 공히 함께 하시며 공히 함께 영광을 받으심이다. 그러나 사역에서 역할이 구분되신다. 성육신은 성부와 성령이 아닌 성자께서 이루셨다. 신자의 내주하는 것은 성부와 성자가 아닌 성령께서 이루신다. 그러나 성육신에서 성자를 잉태하게 하시는 일은 성령께서 하셨고, 신자에 내주하는 성령의 일은 성자께서 보내심으로 이루어진다. 성부께서는 성령으로 성자를 보내시고 (발생, begotten), 성자와 함께 성령을 보내신다(발출, proceed). 기도와 예배는 신성에 하는 것이 아니라, 신격에 한다. 하나님과 교제는 신성과 진행하는 것이 아니라 신격(인격) 교제를 추구한다.

로레인 뵈트너는 'The Triune God'과 'the three Persons of the Trinity'(삼일 하나님과 삼위일체의 세 위격)를 구분하지 않고 동일하게 적용하여 인격과 본체를 분별하지 않았다고 본다. 성자 하나님의 성육신에서 '한 위격에 두 본성'이라는 신비로운 문장을 고백했다(451년, 칼케돈 공회의). 성자에 대한 지식이 '한 신성의 두 본성'이 아니다. 즉 교리는 성자의 신성이 성육신이 아니라 성자의 위격의 성육신을 고백한 것이다. 이와 같이 성령의 내주도 성령의 신성의 내주가 아니라 성령의 위격의 내주라고 보는 것이 개혁파의 이해이다. 그래서 '성령의 내주'가 '삼위일체의 내주'라고 할 때에 신성의 내주로 보는 것은 신비주의적인 신일합일이 된다. '성령의 내주'가 '삼위일체의 내주'라고 볼 수 있는 것은 구원이 '삼위일체의 구속언약(pactum salutis)'에 근거하기 때문이다.

성령께서 신자에게 내주하는 것은 신성의 내주가 아니다. 성령의 내주는 성령의 위격의 내주이다. 그것이 명료하게 드러나야 성도들이 혼돈하지 않는다. 하나님의 신이 백성 안에 있다고 하니, 신성이 내주하는 것으로 이해하면 신화가 되는 것으로 오해한다. 사람이 영생하는 신적 성품이 있지만 하나님이 되는 것이 아니다. 영원한 자녀로서 하나님을 찬양한다.

인간: 하나님의 백성

　'사람'에 대한 지식을 신학에서 다루는 것은 마땅하지 않다. 그럼에도 사람에 대한 이해가 신학에 위치한 것은 하나님과 관련된 부분이 있기 때문이다. 사람에 대한 이해는 '심리학'이나 '상담학'이나 '의학'에서 훨씬 더 자세하게 다룰 것이다. 심리학에서 다루는 인간은 하나님과 관계하지 않는 인간으로 어떤 '회복'을 목표로 하지 않는다. '치유'라는 용어를 사용하지만, 인간 가치의 목표를 세우지는 못한다. 어떤 상태가 치유된 상태라고 규정하지 못하고 주관적인 상태에 머문다.

　신학에서 다루는 인간은 '신학화된 인간'이란 추상화된 개념이 아니라, '하나님께서 창조한 인간', '하나님께 반역한 인간', '죄의 성격', '하나님과 관계를 맺는 구도', '인간의 고유 기능'에 대해서 제시한다. 하나님과 관련된 인간에 관한 지식이다. 독립적 인간 자체 지식은 신학에서 취급하지 않는다. 그러나 생활과 목회에서는 독립된 인간 이해를 수반한다. 생활에서 겪는 인간 이해와 신학에서 취급하는 인간 이해를 혼동이 발생한다. 지식에 대한 분별 기능인 지혜가 이러한 혼동 위치 바꿈을 정리한다. 성경에서는 여호와를 경외하는 것이 지혜의 근본이라고 했다(잠 9:10). 인간이 바른 지식을 세우기 위해서 하나님을 향한 바른 마음이 정립(正立)되어야 한다. 인간론에서는 죄인인 인간이 스스로 구원할 수 없음을 확립한다. 그럼에도 인간에게 주어진 문화 명령으로 죄를 억제하는 선한 기능을 장려한다.

인간(人間), 사람

인간(人間)은 사람, man, human으로 존재(存在)인 'to be'였다. 그런데 현대신학에서 인간은 'human being'으로 개념이 전환했다. 인간 이해가 변한 것이다. 우리 언어에 human과 human being을 구분해서 번역할 기술이 부족하다. 모두 인간으로 번역한다. 그렇기 때문에 서양 인간 이해를 효과적으로 소개하지 못하고 있다.

현대적 인간관은 human being(행동하는 인간)으로 개방성을 추구한다. 이것은 고대 철학자 프로타고라스에 의해서 선언된 '만물의 척도인 인간' [7)]에 대한 '회의와 개방성'이라고 볼 수 있다. 그러나 기독교에서 인간은 '죄인', '구원이 필요한 존재', '아담의 후손'등으로 확정된 존재로 제시한다.

인간 이해는 신학적 인간학과 철학적 인간학으로 구분할 수 있다. 현대에 들어서면서 구분이 사라졌는데, 신학에서 개방성을 추구하기 때문이다. 세계의 중심되는 절대 표준이 사라졌다. 신(神)도 인간(人間)도 표준의 자리가 아닌 평가 영역으로 옮겨졌다.

필자는 "신학적 인간학은 성경에 기록된 아담의 타락을 시간에서 발생한 행동으로 보아야 한다"고 생각한다. 한국의 초기 조직신학에서는 '인죄론(人罪論)'이란 명칭을 많이 사용했다. [8)] '인간'에 '론(論)'을 붙이지 않고, '하나님의 형상'을 붙인 경우도 있다. [9)] 신학적 인간학에

---

7) "인간은 만물의 척도", "만물척도론 homo mensura : A man is the measurement of all things". [위키낱말사전]. "인간은 (만물의) 척도다. 고대 그리스의 소피스트 프로타고라스가 했다는 말의 라틴어 번역. 고대 그리스어로는 π?ντων χρημ?των μ?τρον στ ν νθρωπο . 이 격언은 인간의 주관주의를 대표하는 말로 철학사에 기록되고 있다."

8) 박형룡 박사의 「인죄론」이 대표적이다.

9) Man: the Image of the God은 외국의 다수의 저술에서 나타난다. 한국에서는 서철원 박사가 「인간: 하나님의 형상」(총신대 출판부)에서 출판했다. 송기득은 「인간」을 (한국 신학연구소, 1984)에서 출판했다.

서는 '인간론', '인죄론', '인간: 하나님의 형상', '인간'까지 제목이 다양하다.

신학에서 인간을 다루는 것은 '피조물 인간'과 '죄인인 인간'에 대한 이해를 다룬다. 그래서 인간 이해에서는 하나님과 인간의 연결 방법인 '언약(言約)'에 대해서 제시한다. 언약 이해는 16세기 종교개혁에서 구체화된 신학 산물이다. 17세기에 언약 개념은 행위언약과 은혜언약으로 확립했다. 20세기에 칼 바르트에서 은혜언약으로 제안되었으며, 다양한 언약 개념이 등장했다.[10] 서철원 박사는 '첫 언약과 새 언약'으로 '행위언약과 은혜언약'의 대안을 제시했다.[11]

하나님께서 인간을 만든 목적, 창조하신 목적에 대해서 알 수 없다. 그러나 가장 근사하게 합의된 것은 '영광을 받으시기 위함'이다. 서철원 박사는 하나님이 인간을 만든 목적은 '백성을 이룸을 위함으로 제시했다. 완전하신 하나님께서 백성을 원하심이 또한 신비이지

---

10) 메리데스 클라인, 「하나님 나라의 서막」, 김구원 역(서울: P&R, 2007)과 마이클호튼, 「온역 산막」 백금산 역(서울: 부흥과개혁사, 2010)에서는 창조언약과 구속언약으로 구분하여 소개했다.
11) Suh C. W, "A New Thought on Covenant Doctrine" Studies Reformed Theology(Journal in Netherlands), 1996.

만, 성경에서 하나님께서 나의 백성이 되고 백성의 하나님이 되심으로 계시하고 있다(출 19:4-5, 22:31, 레 26:12, 사 51:12-16, 렘 30:12-24, 겔 37:27, 계 21:1-8).

인간론은 하나님께서 인간을 만드셨는데, 인간이 하나님의 말씀을 거역(拒逆), 반역(叛逆)했다고 말한다. 인간론에서는 반역한 인간의 상태와 신실하신 하나님이 극적으로 대비된다. 신실하신 하나님께서 인간이 배반하고 파괴한 언약을 새롭게 하셔 백성을 회복하고 이루신다.

구속과 언약

신학(神學)이란, 자기의 믿음을 구체적으로 표현하는 기술 방법이다. 자기 믿음을 표현하기 위해서는 다른 신학도의 표현에 대해서 이해해야 한다. 그래서 신학도는 독서를 해야 한다. 철이 철을 날카롭게 하듯이(잠 27:17), 신학도인 우리의 신학을 날카롭게 해주는 것은 다른 신학도이다.

목사는 신학도인가? 신학을 연마하지 않은 목사는 복음의 진전이 없으므로 반드시 세속적인 설교를 할 수 밖에 없다. 신학이 쉽지 않다는 것은 많은 목사들이 세속적인 설교, 기복 설교를 벗어나지 못하는 있는 현실에서 알 수 있다. 신학도가 3년 혹은 7년의 신학 수련에도 불구하고 복음에 근접하지 못하는 것은 신학교에 신학이 부재하다는 것을 증명한다. 신학을 해야 신학화된 언어를 사용할 수 있다. 신학과 복음을 다르게 보는 사람도 있다. 신학과 복음은 동일하다. 대중에서 구원을 주는 복음, 교회 강단에서 선포하는 복음 등으로 구별될 뿐 다른 것이 아니다. 깊은 신학 이해가 있을수록 여유 있는 신앙 상담을 할 수 있다. 단편적인 신학 이해를 가진 사람들은 독단적이고 편협한 신앙 상담이나 전도를 할 수 밖에 없다. 신학 과정 중 하나는 설교에 사용하는 용어를 깊이 이해하는 것이다. 단순하게 이해하고 반복 재생하는 것이 아니라 인격화된 용어를 사용해야 한다.

구속(救贖)과 언약(言約)은 교회와 신학에서 가장 많이 사용하는 용어 중 하나이다. 거의 모든 용어에 대해서 명확한 정의 없이 사용하는 것으로 생각한다. 신학도는 항상 자기가 사용하는 용어에 대한 깊은 성찰을 해야 한다. 그래서 일반적으로 많이 사용하는 구속과 언약에 대해서 용어 개념에 대해 살펴보려고 한다.

구속(救贖, redemption, the Redeemer)과 구원(救援, salvation, the Savior)

"인자가 온 것은 섬김을 받으려 하는 것이 아니라 섬기러 왔고 자기 목숨을 많은 사람의 대속물로 주려함이라." _막 10;45

그리스도 예수 안에 있는 구속으로 말미암아 하나님의 은혜로 값없이 의롭다 하심을 얻은 자 되었느니라 _롬 3:24

우리가 그리스도 안에서 그의 은혜의 풍성함을 따라 그의 피로 말미암아 구속 곧 죄 사함을 받았으니 _엡 1:7

그 아들 안에서 우리가 구속 곧 죄 사함을 얻었도다 _골 1:14

"아들을 낳으리니 그 이름을 예수라 하라. 이는 그가 자기 백성을 저희의 죄에서 '구원'하실 자임이니라" _마 1;21

하나님이 그 아들을 세상에 보내신 것은 세상을 심판하려 하

심이 아니요 저로 말미암아 세상이 구원을 받게 하려 하심이
라 _요 3:17

가로되 주 예수를 믿으라 그리하면 너와 네 집이 구원을 얻으리
라 하고 _행 16:31

그러므로 나의 사랑하는 자들아 너희가 나 있을 때뿐 아니라 더
욱 지금 나 없을 때에도 항상 복종하여 두렵고 떨림으로 너희 구
원을 이루라 _빌 2:12

성경에서 말하는 '구원과 구속'은 병행 혹은 구별되어 사용되는 것
으로 볼 수 있다. 구원(救援, salvation)은 일반 사전적인 일반적 의
미는 "어려움이나 위험에 빠진 사람을 돕거나 구하여 주는 것"을 뜻
한다. 기독교에서는 "죄 아래 있는 하나님의 백성을 죄와 그 비참함
으로부터 구하여 주는 것"이라고 정의할 수 있다. 그리고 구속(救贖,
redemption)은 기독교에서 주로 사용하는 용어로 "예수께서 거룩한
속죄물(어린양)이 되셔서 십자가에 못 박혀 속죄제물이 되셔서, 자
기 백성을 자기 피로 원죄를 대속(代贖)하여 자기 나라를 이루심"이
다. 구약의 대제사장과 대제사장이신 예수와 근본적인 차이점이다.

구약 대제사장은 여호와의 백성의 죄를 짐승제물로 사하며 여호와께로 회복시키는 사역자이지만, 대제사장 예수는 자기 백성의 죄를 자신 몸을 속죄제물로 드려 죄를 사하시고 자신의 백성을 이루심이다.

이때 이 두 용어에서 구속(救贖)과 구원(救援)이 다르지 않지만, 구속은 역사에서 실현되는 사안이고, 구원은 영원하신 경륜과 작정으로 볼 수 있다. 구원(救援)은 하나님의 영원하신 구원 경륜이고, 구속(救贖)은 예수께서 자기 백성을 죄에서 대속하심으로 이루시는 구원의 세계라고 볼 수 있다. 필자는 구속은 원죄의 대속을 의미하고, 구원은 전인격적인 성화를 의미하는 것으로 본다. 그래서 구원은 구속에서(죄사함) 시작하여 완성하게 된다. 또한 교회는 끊임없이 죄사함(속죄고백)을 진행하는데, 성화는 죄사함의 확신의 증진이다. 선교 사역에서 구속이 구체적으로 이루어져야 한다고 본다. 그런데 현대 선교는 Missio Dei [12]라는 개념으로 교회를 넘어서 사회적 활동으

---

12) Missio Dei는 2차 대전 이후 선교사들의 상황이 어렵게 되자 새로운 개념으로 등장한 것이다. '하나님의 선교'에서 선교를 교회의 행위가 아닌 하나님의 성품으로 본 것이다. 구원을 성취하는 것이 교회가 아니라 하나님이라는 그럴 듯한 구호이지만, 결국 영혼구령으로 교회를 이루려는 의지를 약화시키거나 소멸시킨 것이다. 교회보다 선교가 더 먼저 존재한다는 개념도 있다. 세상을 향한 하나님의 운동이란 개념으로 행동 신학(doing theology)라는 개념이 등장하게 되었다. 결국에는 보편구원론이나 상황화 신학으로 전개된다. 선교의 주체가 하나님이기에 선교를 하는 것이 하나님의 뜻을 이루는 것이라는 것이다.

로 죄사함의 사역이 아닌 포괄적으로 사역 방식으로 전개하고 있다.

구속과 구원을 구분 없이 사용해도 큰 문제는 없지만 간혹 질문을 하는 경우가 있다. 성경과 신학에서 명확하게 구분하지 않기 때문에 명료하게 일치되는 답이 없다. 그런데 우리 언어에 구속(救贖)과 구원(救援)이란 개념이 있었다는 것도 신기한 일이다. 현재에서 구속(救贖)이란 개념은 기독교에서 전유(專有)하고 있다. 구속(救贖)은 대속(代贖, ransom)과 같은 개념이다. 구속(救贖)은 '속죄제물'에 강조가 있고, 대속(代贖)은 '포로의 몸값을 지불함'에 의미가 있다. 신학에서 '구속주'라 하고 '대속주'라는 말은 사용하지 않는다. 구속(救贖)을 구속(拘束)으로 이해하는 우둔한 경우도 있다. 구원(救援)은 철학이나 일반 종교에서 동일하게 사용한다. 그것은 어려운 처지에서 구출되는 상태를 의미하기 때문이다.

구속사(救贖史, Heilsgeschichte, The history of salvation)는 어떻게 사용해야 하는가?

어떤 사람은 '구속사'는 목사가 자기 마음대로 해석하는 방식이라고 정의하기도 한다. 이것은 목사들이 '구속사'라는 개념을 무분별하게 난발하는 경향이 있기 때문이다.

아우구스티누스는 구속사를 두 역사 경륜의 관계를 놓고 다음과 같이 아주 놀라운 공식을 세웠다. "신약은 구약 속에 숨어 있고, 구약은 신약 속에 밝히 드러난다. ("Novum Testamentum in Vetere latet, Vetus in Novo patet.[13])

현재 교회에서 사용하는 '구속사'는 경건주의 신학자 뱅겔(Bengel, 1687-1752)이 창안한 개념이다. 하나님의 구속이 현재에도 계속된다는 개념이다. 또한 '구속사'는 개혁 신학에서 창안한 개념은 아니다. 개혁 신학은 '그리스도 중심의 해석'을 주장한다. 이 용어를 사용할 때

---

13) 게할더스 보스, 「바울의 종말론」, 박규태 역, 좋은씨앗, 94.

에는 그리스도의 구속 사역에 제한한다.

'구속사'의 해석에서는 성경 내용 흐름에서 끊어진 연결 고리와 과정을 찾기 위해서 노력한 흔적이 많이 보인다. 이러한 해석의 한 모습은 '유도순 목사'의 주석에서 볼 수 있다.

혹자는 '구속사'를 '예수 그리스도 중심 해석'으로 제안하기도 한다.[14] 그렇다면 '예수 그리스도 중심 설교'로 보다 구체적으로 제시하면 된다. '예수 그리스도 중심 설교'인데 그것을 감추고 '구속사 설교'를 한다고 말할 필요는 없다.

구속사(救贖史)는 두 가지로 진행된다. 첫째 칼 바르트로 초역사적으로 믿음만을 강조하는 형태와, 둘째 오스카 쿨만이 계시와 구원의 정점에 예수 그리스도를 놓고 해석하는 경향이다. 전자는 역사에서 하나님의 자유를 후자는 역사에서 하나님의 행위를 강조한다.

역사에서 행동하는 하나님을 강조할 때에 다가오는 위험성은 '교

---

14) 결론에서 다시 구속사를 "구속사는 '교회'에 관한 이야기라고 정의할 수 있고, 창세기에서부터 요한계시록까지 예수 그리스도를 만나고 믿은 사람들의 이야기"라고 정의한다. 이 정의에서 중심은 '교회'와 '만나고 믿음 사람'이 된다.

회'가 필요하지 않은 것이다. 칼 바르트 신학에서는 교회가 그것, 하나님의 자유만을 증거하는 것을 목표로 한다. 마치 영화 '노아'에서 죄가 있는 인류가 멸절되는 신의 계시를 실현하기 위해서 방주를 짓는 것과 유사하다. 필자는 바르트 신학의 한 요소는 교회에서 교회를 부정하는 근원지가 되는 역사 이해로 생각한다.

언약(言約)[15]

먼저 언약은 쌍무적 성격과 일방적 성격으로 나누어서 생각한다. 현재는 쌍무적 성격을 강조하는 경향이 많다. 이것을 가장 명시적으로 주장한 신학자는 송제근이다. 언약의 쌍무적 성격은 언약의 당사가 모두 등장해야 한다는 것이다. 이 조건을 만족시키는 장면은 출애굽기 19-20장에 시내산에서 임재한 여호와와 백성이다. 여기에 백성의 중보자 모세가 등장한다. 송제근은 시내산 언약을 언약 체결의 쌍

---

15) (참고) 일본에서는 언약(言約)이란 단어가 없어서, '계약'이란 단어로 통합해서 사용한다. '언약'이라는 단어가 백 여 년 전에 소멸되었다고 한다. 언약(言約), 계약(契約), 협약(協約), 조약(條約), 약속(約束), 맹약(盟約) 등이 있고, promise, covenant, testament, treaty, pact, agreement 등이 있다.

무적 성격의 원형으로 보고 거기에서 모든 신학을 전개한다. 서철원 박사는 언약을 명시적으로 일방적 성격으로 제시한다.[16] 그래서 아담 언약(첫언약-서철원, 행위언약-웨스트민스터신앙고백서, 창조언약-마이클 호튼)부터 언약 신학을 시작한다.

하나님과 인간의 언약에서 일방적(편무적) 성격을 부인하면, 첫 언약인 아담 언약이 무효화되어 원죄 교리 등 모든 교리들을 수정해야 한다. 그러나 첫 언약이 하나님께서 확립하신 일방적 언약임에도 인간 인격에 손상이 없는 것은 창조주와 피조물의 관계에서 인간에게만 주어진 특별한 성격이기 때문이다. 모든 피조물 중에서 인간만이 하나님의 형상으로 지음을 받았다. 창조주 하나님께서 인간과 교제하시길 경륜하셨다. 경륜을 따라서 인간과 언약을 체결하는 하나님의 특별경륜을 폄훼하는 것은 바람직하지 않다.

---

16) (참고) 서철원, 「인간: 하나님의 형상」, 총신대 출판부. 2012.

언약의 이중성과 단일성

언약 개념은 스위스 종교개혁가들이 공통으로 갖는 신학 성향으로 개혁신학의 성경 이해의 전형이었다. 개혁파 신학자들은 언약으로 성경의 통일성을 갖고 하나님의 동일한 구원 경륜을 밝혔다. 네덜란드의 요하네스 코케이우스 (Johannes Cocceius, 1603-1669)는 언약신학(Federal Theology)을 구체적으로 체계화했다. 그는 '행위언약과 은혜언약'으로 나누었고, 영국 웨스트민스터신앙고백서(1648년)에서 명시적으로 고백했다. 칼빈과 언약 이해의 전형이 되었다.

칼빈은 구약과 신약의 통일성과 상이성에 대해서 제시했지만, 통일성을 강조한 신학자로 평가된다. 그래서 칼빈에게는 마치 '한 언약'으로 이해될 수 있다. 그런데 코케이우스에 의해서 개혁신학은 '두 언약' 개념으로 체계화했고, 웨스트민스터신앙고백서에서는 명시적으로 '두 언약', 행위언약과 은혜언약으로 체계화했다.

개혁신학은 언약신학이라고 해도 과언이 아니다. 아브라함 카이

퍼는 네덜란드에서 사장되었던 언약신학을 부활시키면서 "구원협약 (pactum salutis)"을 제안했다. 그래서 코케이우스의 개념에 영원한 삼위일체 경륜에서 이루어진 언약 개념을 제안했다.

그런데 칼 바르트는 구원협약을 이신론적 이해라며 부정하고, 행위언약과 은혜언약에서 행위언약을 뺀 '은혜 언약'의 '한 언약'을 구체적인 신학의 체계로 삼았다. '언약'을 강조하는 신학도들 중에서 '두 언약'인지 '한 언약'인지 구분이 모호하다. 개혁신학은 언약 신학이기에 언약이 강조되는데 둘인지 하나인지가 명확해야 한다. 바르트 신학이 한 언약을 강조하기 때문이다. 자신이 바르트 신학과 동일한지 다른지에 대한 제시가 필요한 것이다.

이에 서철원 박사는 웨스트민스터신앙고백서에서 제시하는 '행위언약과 은혜언약'을 '첫언약과 새언약'으로 변경을 제안했다.[17] 혹 신학자들이 '옛언약과 새언약'을 제시하는 모습을 보았다. 이 때 옛언약은 모세의 시내산 언약을 제시하는 것이었다. 그러나 서철원 박사의

---

17) Suh C. W. "A New Thought on Covenant Doctrine", Studies Reformed Theology (Journal in Netherlands), 1996.

'첫언약'은 은혜언약을 대치하는 순정한 상태의 아담과 맺은 언약이다. 행위언약은 모세와 맺은 시내산 언약은 아니다. 시내산 언약은 첫 언약과 새언약 사이에 있는 언약 이해의 과정이다. 첫언약 이후의 모든 언약은 은혜언약, 혹은 새언약의 성취를 위한 그림자에 속한다.

'언약'에 대해서 분별을 할 때에 첫째 '한 언약'인지, '두 언약'인지를 구분해야 한다. 한 언약이어도 '칼빈과 유사한' 한 언약인지, '행위언약을 부정하는' 한 언약인지 분별해야 한다. 두 언약에서도 '행위언약, 은혜언약'인지, '첫언약, 새언약'인지를 분별해야 한다. 마이클 호튼은 '창조 언약'과 '은혜 언약'으로 제시했다.[18] 셋째 언약에서 영원한 '구원 협약'을 인정하지 않는지도 분별해야 한다.

구속과 언약

구속과 언약은 필연적으로 연결된다고 본다. 아담이 첫언약이 반

---

18) 마이클 호튼, 백금산 역 「언약신학」, 부흥과개혁사, 2009.

역하여 파기하자, 여호와께서 구원 방식과 성취를 선언했다(창세기 3장). 언약이 체결되는 곳에서 항상 제사(제물)가 동반했다. 새언약의 체결 이후에 새언약의 주(主)께서 직접 속죄 제물이 되셔서 새언약의 보증이 되셨다. 그래서 필자는 구속사가 강조되면 언약이 동시에 부각되어야 하고, 언약이 강조되면 그리스도의 구속 사역이 함께 강조되는 구조를 제안한다.

구속사 혹은 구원이 강조되는데 언약(일방적 혹은 쌍무적)이 강조되지 않는다면 구원의 경륜에서 인간은 방관자가 되고, 언약이 강조되는데 구속이 강조되지 않으면 인간의 역할이 부각되어 행위 구원으로 흐를 염려가 있다. 이러한 현상은 교회에서 자주 등장한다. 그래서 구속과 언약이 함께 등장해야 그리스도의 구속 사역과 언약이 균형 있게 제시되어 균형 잡힌 언약 백성의 삶이 이루어질 것으로 생각한다.

기독교 세계관 "창조-타락-구속"에 대해서

　기독교 세계관(알버트 월터스,「창조, 타락, 구속」, 양성만 역, IVP, 2007.)에서 "창조-타락-구속"은 중요한 개념으로 제시되고 있다. 이 개념은 구속사의 관점으로 이해하는 경우도 있다(백금산,「구속사와 언약적 관점으로 읽는 성경의 맥」).

　필자는 여기 "창조-타락-구속"에서 하나의 요소가 빠졌다고 생각한다. 모든 구도를 "창조-타락-구속"으로 보았을 때에 문제점은 "하나님의 공의 개념"이 자연스럽게 제외 되는 것으로 생각한다. 창세기 1-3장에서 창조(1-2장), 타락(3장)이지만, 타락 후에 아담의 행위에 대한 하나님의 심문과 심판과 약속이 주어졌다. 성경에서 하나님께서 아담에게 행하신, 질문과 심판 그리고 구속의 약속에 대한 구도가 보다 좋은 경건의 구도라고 보여진다. 성경에는 분명히 "죄행에 대한 심판"이 있고, 이 심판은 빠질 수 없이 중요한 요소가 된다. 이러한 구도는 현재 그리스도인에게 더 큰 도전이 될 것이다. 창조된 백성이 죄를 범했을 때에 하나님의 검증과 심판을 통과해서 구속으로 들어가는 방식을 생각해야 한다. 하나님의 자녀이기 때문에, 그리스도의 공로로 무조건 구속(?)이 이루어진다는 것은 만능키가 되어 과격하게는 율법폐기론이 등장하거나, 회개가 없는 기독교가 될 수 있다. "창조-타락-구속"이 꾸준히 반복될 때, 그 신학구도에서 주는 위험이 "심판"에 대한 인식을 도외 시킨다는 우려가 있다. 현재 기독교 강단에는 회개의 설교가 없다고 탄식하는데, 그 이유 중의 하나는 신학이다. 그 신학 중의 하나가 조심스럽지만(인과관계가 증명되지 않음) "심판"이 빠진 "창조-타락-구속"이라는 것이다. 그러나 성경에 비추어 보아도 창세기 1-3장에 "창조-타락-구속" 구도 사이에는 "심판"에 대한 내용이 상당 부분 차지하고 있다. 심판 후에 신실하신 하나님의 언약의 유지와 회복에 대한 선언이 구속에 대한 약속(여자의 후손의 등장)이다. 아담에게 주신 "가죽옷"은 심판과 회복의 이중성을 보여주시는 하나님의 증표이다.

   그래서 필자는 이 도식에서 "창조-타락-심판-구속"의 도식으로 세워서 "공의 하나님과 자비의 하나님"의 성품을 알기를 바란다. 하나님의 자녀에 대한 죄된 행동에 대한 명확한 심판(자유와 책임)을 기

억해야 한다.

경건은 하나님을 경외함이며, 이 경외에는 두려움이 포함되어 있다. 전능하신 하나님을 경배함에서 "두려움"이 없다는 것은 있을 수 없는 일이다. 하나님의 전능의 엄위 앞에서 그 두려움과 공포를 이길 그리스도의 은혜로 힘을 얻어 성령의 기쁨으로 예배하는 구속의 백성이 되어야 한다.

구속주를 아는 지식

'그리스도를 본받음'과 '그리스도를 믿음'

토마스 아 켐피스(Thomas a Kempis, 1380-1471)의 「그리스도를 본받아」(De Imitatio Christi)는 15세기 중세 로마교회의 부패와 타락의 배경에서 저술되었고, 성경 다음으로 많이 팔린 명저로서 수작이다. 아우구스티누스의 신학은 정통 신학이지만 로마 카톨릭에서는 반(半)-펠라기우스 신학(semi-Pelagius)을 채택했고, 현재에는 종교다원주의 신학을 채택하고 있다. 개혁 교회는 지금까지 아우구스티누스의 신학을 바른 신학으로 연마하고 있다. 그런데 「그리스도를 본받아」는 구교(舊敎)와 신교(新敎)에서 공통으로 애독하고 있다. 필자는 이런 현상을 독특하다고 평가하며, 「그리스도를 본받아」를 한국 정약용의 「牧民心書」와 유사하다고 평가한다. 전자는 '신자'에게 준 '생활교범'이고 후자는 '목사(牧使)'에게 준 '직원행동교범'으로 행동강령에서 유사하다. 또 두 저술은 행동의 근원에 대해서 밝히지 않고 규범만 제시한 것이다. 참고로 imatatio Christi를 신교에서는 "그리스도를 본받아"로 번역했지만, 구교에서는 '준주성범(遵主聖範)'이라도 한다 (한국 카톨릭대사전 참고). 기독교인의 생활의 원리를 제시하는 교범으로 영성훈련의 교범처럼 생각한 것이다.

중세 1,000년은 행위 구원을 넘어선 미신적 행위(미사와 성찬 이해 등)을 일삼았다. 칼빈은 교부들과 아우구스티누스의 가르침을 정당하게 인정한 교회가 그런 행동을 일삼는 것을 꾸준히 비판했다. 배움과 행동이 전혀 다른 것을 하는 것이었다. 중세의 주된 교리는 반(半)-펠라기우스적 사상으로 평가한다. 교회는 분명히 아우구스티누스의 주장인 은혜 구원(원죄와 전적부패)을 채택했고, 펠라기우스의 행위구원(원죄부정으로 자력구원의 가능함)을 거부했다(카르타고 공회의. 418년, 오렌지 공회의. 529년). 그럼에도 중세 교회는 교회가 결정한 교리를 따르지 않고 애매한 태도로 반-펠라기우스주의를 견지했다. 필자는 절반씩 절충했는데, 왜 '반(半)-아우구스티누스(semi-Augustine)'이라 부르지 않았는지에 대해서는 의문을 제기한다. 좀 위트로 '반-아우구스티누스'라는 말도 감히 꺼내지 못하는 양심을 갖고 있었다고 평가했다. 이러한 논쟁은 개신교의 행위구원과 연관되어 불거졌고 현재까지 진행 중이다. 후일에 칼빈파 내부에서 알미니우스의 제자들이 펼친 항론파는 돌트 회의에서 정죄되었지만, '반(半)-알미니안'이란 용어를 사용하지 않고 담대히 '알미니안'으로 사용하고 있다. 교회 안에서 양심이 점점 악화되는 모습을 볼 수 있다.

'행위 구원'과 '은혜 구원'의 양자는 모두가 그리스도를 신앙의 대상으로 하지만, 그리스도에 대한 상태에서 현격한 차이를 갖는다. 전자에서 그리스도는 '그리스도를 본받음'이고, 후자는 '그리스도를 믿음'이다.

성경에 그리스도를 본받아야 함이 없지는 않다. 성경 용례에서 '본받음'은 첫째 그리스도 예수를 본받아(롬 15:5) 서로 뜻을 같이 하도록 했다. 둘째 그리스도의 죽으심을 본받도록 했다(롬 6:5, 빌 3:10). 셋째 사도(우리)와 그리스도를 본받도록 했다(살전 1:6, 딤후 1:13). 넷째 우리의 행위와 가르침을 본받도록 했다(살후 3:7).

성경 용례대로 그리스도를 따른다면 그리스도를 믿음에 중점이 되며, 오히려 사도를 본받는 구조가 된다. 성경 가르침에 의하면, 교회는 그리스도를 믿고, 사도를 본받는 구조가 가장 이상적인 형태가 된다. 그리스도를 본받음으로 영광이나 성품을 이루는 것이 아니라, 교회의 일치를 위한 것이었다. 그래서 교회에서 사도적 가르침으로 한 교회를 이룰 수 있는 것이 예수를 본받음의 방향이라고 할 수 있다.

'그리스도를 믿음'이란 무엇인가? 첫째 믿음의 대상은 '오직 하나님'으로 규정한다. 구약성경의 가르침은 유일하신 하나님을 믿고 섬겼다. 그런데 구약 이스라엘은 여호와를 신약 교회는 예수를 믿었다. 구약과 신약이 일치하기 때문에 이스라엘과 교회의 믿음의 대상도 일치한다. 한 믿음의 일치공식에 의해서 여호와와 예수가 동일자임을 알 수 있다. 이러한 신비에서 삼위일체 하나님의 위격 구분이 밝혀졌다(니케아 공회의 325년).

사도의 믿음과 가르침의 확정적인 형태의 믿음은 '성령을 부어주신 예수'[19], '십자가에서 죽으시고 부활하신 예수'를 믿었다. 교회에서 믿음의 대상은 언제나 절대로 나뉘지 않고 오직 한 대상이다. 그래서

---

19) (참고) 기름부으심(anointing)은 요일 2:27, "주께 받은 바 기름부음이"라고 명시적으로 주께서 기름부으심이라 하는데, '성령의 기름부으심'이라고 사용하는 경우가 많다. 성령은 기름을 붓지 않고, 구원과 능력과 권세를 상징히는 기름은 구주께서 부으시는 성령이다.

그리스도를 믿는다면 예수를 믿지 않는 유대교와 전혀 일치점이 발생하지 않는다.

그리스도를 믿는 방식에 대한 훼방과 위협은 교회의 성립 초기부터 외부와 내부에서 존재했다. 외부에서 제사장은 협박과 박해, 바리새인인 가말리엘은 회의주의로 혼합시켰다(행 4장). 교회 안에서는 아나니아와 삽비라의 성령훼방(행 5장), 갈라디아 교회에서는 할례를 도입하려는 시도도(갈 1장) 있었다. 바른 믿음은 외적으로 협박과 혼합으로 내부에서는 영적인 훼방과 육체적인 교묘한 시도가 교회 시작과 함께 있었다.

2,000년 교회 역사에서 '오직 그리스도를 믿음'을 항상 앞장 세웠지만, 정작 뒤에서는 인간적인 형태가 교회에 만연했었다. 하나님의 신비한 섭리에 의해서만 교회에 순수한 교리를 세우고 전할 수 있었다고 말할 수 밖에 없다. 언제나 공회의를 통해서 정통 교리가 세워졌는데, 동시에 타협된 행동 방식이 만연 했음에도 불구하고 끊임없이 확신과 눈물 속에서 구주를 믿고 충성하는 종들이 시대마다 있었

기 때문이다.

필자는 그리스도를 믿는 사람은 그리스도를 닮아 교회를 이루어야 한다고 생각한다. 그런데 그리스도를 닮아야 한다고 하면 그리스도를 믿음의 대상이 아닌 닮음의 모형으로만 볼 것이라 생각한다. 그리스도 닮음만을 추구하면 교회 이룸이 약해지거나 부정된다. 교회는 그리스도의 은혜 말씀에서 아버지의 긍휼(사랑)이 넘치는 성령의 내적 사역(교통)의 현장이다. 믿음의 주이신 예수의 이름이 영광을 받아야 하고 드러나야 하고 선포되어야 한다.

이 시대는 '그리스도를 닮음'이 만연하고 있다. 성경에서 예수는 '자신을 믿으라'고 말한 적이 없다고 말하기도 한다. 그리스도인인 당신은 그리스도를 믿는 사람인가? 그리스도를 닮은(?) 사람인가? 양자가 병존할 수 없다면 그리스도인이라는 당신은 어느 쪽을 택할 것인가? 당신이 소유한 '그 지식'이 어디에서 나왔는지를 고백하면 바로 답할 수 있을 것이다.

'예수의 제자' 세움에서 '복음 전파'로

한국 교회에는 제자훈련 프로그램이 다양하게 펼쳐지고 있다. 이 것은 마태복음 28:19-20을 근거로 '제자 삼음'을 추구한다는 근거를 제시한다. 그런데 해당 성경 본문을 살펴보면, 예수께서 '제자들에게 제자를 삼을 것'을 명령하는 것이다. 이 본문으로 '제자훈련'을 하는데, 누구의 제자를 삼는 것인지 명확하지 않다. 분명한 것은 '예수'께서 '제자들'에게 '나의 제자'를 삼으라고 명령하시지는 않았다. 그런데 한국 교회에서 '제자훈련 프로그램'은 마치 '예수제자삼기'운동을 펼치고 있다. 예수가 아닌 주체는 예수 제자를 삼을 수 없다. 예수께서 제자들에게 '자기 제자'를 삼으라고 명령하신 적도 없다. 예수께서 제자들에게 '제자'를 삼으라고 하신 것이다. 교회는 사도 위에 세워지기 때문에, 사도의 가르침에 순종하는 '성경의 제자'를 삼아야 한다.

만약 '제자 삼기'가 '예수의 제자를 세움'이라고 할 때에는 좋은 사명이나 사역처럼 보이지만, 문제가 많다. 첫째 예수의 제자를 세우려면 자신이 확실한 예수의 제자여야 한다. 그런데 사도 이후로 자신을 예수의 확실한 제자로 생각할 수 있는 사역자가 있었을까? 현재 신사도 운동에서는 스스로 사도라 선포하면 가능할 것이다. 그들의 주장에서는 현재에 사도가 가능하며 사도와 동급이 된다. 그들도 12사도나(맛디아 선출) 사도 바울처럼 가시적이고 모두가 인정할 만한 표징이 있었는지 답을 해야 한다. 우리가 사도라고 확신하는 바울도 당시 사도권에 대해서 많은 의심을 받았는데, 21세기에 스스로 사도로 인정하며 사도라 참칭(僭稱)하고 있다. 신약성경 저자인 마가, 누가, 예루살렘 교회의 수장인 야고보 등은 12사도 반열에 있지 않다. 성령의 영감을 받은 성경기록자들도 12사도의 반열에 오르지 못했는데, 누가 스스로 사도라고 칭하며, 스스로 예수의 제자라고 나설 수 있을 것인가?

둘째 한 걸음 더 나가 예수의 사도이면, 예수의 제자를 세울 수 있는가? 예수의 제자는 오직 예수님만이 세울 수 있는 일이다. 12사도들의 행적에서 '제자 삼음'이 사도행전에 등장하는데, '예수의 제사 세움'이 아니다. 문맥적으로 보면 사도들이 전한 복음을 듣고 회개하여 사도를 따르는 '사도의 제자'가 되었다. 사도의 제자가 예수의 제자로 간주되는 것이다. 예수님의 제자로 간주되는 것은 예수가 인정한 선생 때문이다. 예수의 제자는 예수 외에 어떤 누구도 세울 수 없다. 그것이 가능하다면 서울대학교 나온 학생이 서울대학교 졸업자격을 줄 수 있는 것도 가능한 원리가 된다. 그러나 서울대학교에 있는 교수에게 합당한 훈련을 받은 자는 서울대학교 졸업장이 부여된다. 교수가 부여하는 것이지만 서울대학교가 부여하는 것이다. 즉 목사가 목사의 제자를 선언하는 것이지만, 교회의 머리이신 예수께서 제자로 확인하신다. 서울대학교 교수가 사사로이 서울대학교 졸업 자격을 줄 수 없듯이, 목사도 사사롭게 예수 제자 자격을 부여할 수 없다.

셋째, 예수께서 제자라고 선언하신 부분을 살펴볼 필요가 있다(요 8:31-32). 예수의 제자는 "예수님의 말 안에 머물면" 된다(요 8:31). 그리고 "진리를 깨달아 진리로 자유로워야" 한다(요 8:32). 그런데 예수께서는 '제자'라 하지 않고 오히려 "친구"라고 하셨다(요 8:14). 그렇다면 제자들은 제자인가? 친구인가? 높은 목표는 친구가 되어야 할 것이다. 그러나 '제자'나 '친구' 모두 원하므로 이루어지는 것이 아니라, 예수께 결정권이 있다. 예수께서 '친구'를 위해서 목숨을 내놓을 십자가에 대한 사랑에 대한 것이며, '예수의 친구들'도 생명을 다하여 '하나님'을 사랑하는 것이다. 또 '친구'라 하였기 때문에 예수를 '친구'처럼 함부로 생각하는 경향도 있다. 예수께서 친구라고 하신 것은 무한한 친근감과 연대를 말씀하신 것이다. 자기 목숨을 바쳐 구할 친구라는 것이다. 그래서 친구에게도 자연스럽게 생명 바친 충성과 헌신을 요구한다.

예수께서는 제자들에게 제자를 삼으라고 명령하셨다. '예수의 제자'가 삼은 '제자'는 '예수의 제자의 제자'이다. 결국 '사도의 제자가 된 사람'은 '예수의 제자'다. 교회는 사도의 제자를 '속사도'라고 했다. 그리고 속사도의 제자는 '교부'라고 했다. 교회는 교부까지 특별한 지위를 부여하며 존경한다. 그렇게 크게 존경하고 배우는 '속사도'나 '교부'들에게 '예수의 제자'라는 호칭을 부여하지 않았다. '속사도'나 '교부'는 '예수의 제자'보다 더 낮은 수준이다. 그런데 현대 교회에서 일개 교회에서 '예수 제자'를 양산하고 있다. 이해가 쉽지 않다.

그리고 교부 뒤로 모든 '목사'는 동등한 권위를 갖는다. 종교개혁 이전까지는 '사제와 주교'로 구분했지만, 종교개혁 때 '미사'를 집례하지 않는 '복음선포자'로서 목사로 사역과 명칭을 개혁했다. 목사에 차

등을 두고 있는 교황 정치(교황, 추기경, 주교, 사제, 부제)와 감독 정치가 있지만(목사와 감독), 장로 교회에서 목사는 모두가 동일한 목사다. 그러한 교회의 질서에서 '목사'가 '예수의 제자'를 세울 수 있을까? 그리스도인이 예수의 제자를 세울 수 있을까? 사도들도 속사도들도 교부들도 하지 않은 '예수의 제자 세움'이라는 행위를 목사나 그리스도인이 할 수 없고 해서도 안 된다. 자기보다 더 높은 지위를 낮은 자가 세울 수 없다. 사도, 속사도, 교부들이 집중했던 일을 '말씀과 기도에 착념하는 일'(행 6:4)을 지금도 계속해야 한다.

교회는 '예수의 제자 만들기'란 헛된 프로그램을 벗어야 한다. 할 수 없는 능력을 할 수 있는 것처럼 말하는 것은 바람직한 행동이 아니다. 교회는 머리이신 예수를 믿으며, 위탁된 복음을 선포를 듣고 믿음을 이루는 곳이다. 교회를 만민이 구원을 사모하고 하나님의 의를 위한 기도의 터전으로 삼아야 한다. 교회에서 선포된 복음을 존경하고, 선포된 말씀으로 교회가 하나 되며 믿음을 정진하는 것이 아름다운 교회의 모습이다. 이 땅에 완전한 교회는 없다. 그러나 교회는 하나님의 피로 세워진 유일한 기관이다. 교회는 진리의 기둥과 터(딤전 3:15-

16)이며, 복음을 선포하는 곳이다(딤전 6:3). 교회의 직분자는 다른 수단이 아닌 오직 바른 말씀을 선포하는 것에 착념해야 한다. 그래서 그리스도의 피의 거룩한 신부된 교회를 이룸에 힘써야 한다.

'그리스도를 믿는 자'와 '예수를 따르는 자'
= 성도와 제자[간접기독론]

서철원 박사는 간접기독론이 콘첼만(Hans Conzelmann. 1915-1989,An Outline of the Theology of NT, 1967)에 의해서 시작된 것으로 제시했다. 콘첼만은 역사적 예수와 신앙의 그리스도를 단절시켜야 한다고 제창하는 케리그마 학파의 주장에 브레이크를 건 학자이다. 콘첼만은 불트만의 제자인데, 자기 선생의 견해를 따르지 않아 후기 불트만 학파라고 부른다. 콘첼만은 예수의 메시지와 사도의 케리그마의 연속성을 강조한 후기 불트만 학파이다. 콘첼만은 예수가 하나님 나라를 전했고, 사도들은 예수의 죽음과 부활을 전했지만 두 사상이 다르지 않다는 개념을 갖는 것이다.

간접기독론은 예수가 자신을 '믿음의 대상'으로 설명하지 않고, 하나님을 바르게 이해한 존재로 인식했다는 것이다. 그래서 예수의 제자인 사도들이 예수를 믿음의 대상으로 삼았다면 잘못한 것이고, 예수를 하나님의 계시를 이해한 사람으로 이해한 것이라면 바른 이해라는 것이다. 사도 바울은 다메섹 체험을 통해서 하나님의 형상인 그리스도를 발견하고, 진정한 종교인 하나님 나라를 실현하도록 유대교의 폐쇄성을 거부하고, 바르게 이해한 예수의 이해를 따른 것으로 제시했다.

간접기독론은 325년 니케아 공회의의 결정에서 '동일본체(homoousion)'와 '유사본체'(homoiousion)의 논의보다 더 과격한 논의이다. '동일본체'와 '유사본체'는 하늘의 하나님이 이 땅에 오신 성육신을 함께 믿는 논리이지만, 간접기독론은 정통적인 '하늘에서 오신 하나님'을 언급하지 않는다. 대신에 '인간 예수가 제시한 마지막 파루시아(parousia, 마지막 강림)'를 제시한 선지자라고 한 것이다. 그래서 20세기에 개진된 간접기독론은 325년 공회의 결정에 따른다면 '이단' 논의에 들어올 수 없을 정도로 이교적인 가르침이다.

그래서인지 자유주의와 현대신학에서 꾸준하게 제기한 것은 교회의 교리의 무력화 및 폐지였다. 고대 교회의 표준문서를 폐기하거나 거부한다면 보편 교회를 이루지 못한다(articulus stantis et cadentis ecclesiae). 로마 카톨릭 교회도 325년 니케아 공회의, 381년 콘스탄티노폴리스 공회의, 431년 에베소 공회의, 451년 칼케돈 공교회의 결정을 거부한다면 기독교 역사적 신앙에서 떠나 기독교가 아닌 다른 종교가 될 것이다. 둘째 간접기독론은 종교사학파 관점을 그대로 답습하고 있다. 종교사학파는 모든 근원을 역사에서 찾아 밝히려는 시도이다. 기원후 1세기에 일어난 복음의 내용도 이전의 역사적 상황에서 근거를 찾으려 한다. 그러나 정통 기독교는 복음은 하늘에서 준 내용(caelestis doctrina)으로 믿는다. 즉 유일무이한 진리이다. 그것은 창조주 하나님께서 인간으로 오셔서 이룬 구속의 사역에 근거하여 이룬 복음이기 때문이다. 복음의 시작이 십자가와 부활로 보이지만, 복음의 결국은 영원, 창조에서 시작하여 종말에서 영원까지이다.

간접기독론은 예수를 믿음의 대상이 아닌 배움의 대상도 아닌 좋은 가르침으로 인도하는 선생을 삼는 것이다. 그리스도인은 예수를 믿음으로 의(義)에 이르고, 믿음에서 믿음으로 나아가야 한다. 영생의 시작도 그리스도를 믿음으로, 과정도 그리스도를 믿음으로 이루어진다. 이 믿음은 그리스도의 구속의 은혜로 성도에게 주어지는 하나님의 선물이다. 그러므로 간접기독론이 제시하는 '인간 예수를 따름'은 하늘의 선물인 믿음으로 구원에 이르는 신앙인이라면 당연히 거부해야 할 내용이다.

구원

　'구원'은 기독교에서 가장 논란 대상이 많은 분야이다. 구속주, 구원주는 명확하게 예수 그리스도라고 선언했지만, 구원의 방도에 대해서는 너무나 많은 의견들이 있다. 필자는 그래서 많은 논쟁에서 구속주로 돌아올 수 있다면 좋은 동역자라고 분별한다. 동역자들이 바른 믿음을 위해서 논쟁하는 것은 바람직한 일이다. 논쟁에서 결코 합치가 일어나기 쉽지 않다. 논쟁에서 합치가 일어나지 않는다고 하여도 믿음의 대상에서 동의가 된다면 논쟁에서 발생한 앙금이 곧 화해가 될 것이다. 그러나 아무리 평화로워도 믿음의 대상이 다르다면 동역자가 될 수 없다(고후 6:14).

　구원의 성격과 범위에 대해서 토론하면 결코 합의될 수 없다. 그런데 기독교 신학계는 현재 그 논쟁에 휩싸여 있다. 논쟁에서 탈출구가 보이지 않는다. 그래서 필자는 '구원주', 자기를 구원하신 구주를 고백할 것을 제안한다. 믿음의 대상이 동일하면 논쟁에서 쉼을 가질 수 있기 때문이다. 그리고 다시 논쟁의 광장에 나가서 동역자로서 논쟁할 수 있다.

구원에 관한 부분은 '성령론'이 독자적으로 분리되어 더 다양한 의견이 교회에 가득하다. '성령론'의 주요 내용은 '은사' 부분이고, '은사'는 교회론에서 다룬다. 구원론의 성령의 역할과 교회론에서 성령의 은사를 묶어서 성령론을 구성한 것이다. 그런데 성령 사역 분야에서 일치가 거의 일어나지 않는다. 여기에서는 신론에서 성령의 내주가 신성의 내주가 아닌 위격의 내주라고 밝혔다. 기독교가 인격 종교이기 때문에 인격 형태를 갖기는 바란다.

현대 성령론에서 방언이 중요한 이슈 중 하나이다. 방언을 성령받음의 증표로 주장하는 경향이 있다. 성령받음은 신자의 고백에서 예수를 주와 구주로 고백하는 것에 있다. 알 수 없는 소리인'방언'은 자기 인식이 없기 때문에 무엇도 확증할 수 없다. 또한 자기의 의지가 배제되어 인격적이지 않기 때문에 인격 종교에 부합되지 않는 형태이다.

구원의 성취와 구원의 진행 '관계적 칭의'와 '법정적 칭의'

　믿음과 행위의 문제가 심하게 대두되었던 때가 있었다. 필자는 우리 시대가 행위 구원의 주장은 끊임없이 제기되고 증가하는 반면에, 오직 믿음으로 구원 받음에 대한 강조는 약해지고 있다고 느낀다. 행위 구원의 강점은 믿음 구원을 말하는 것이며, 인간의 역할도 배제하지 않는 것이다. 그런데 왜 믿음 구원만을 주장하는가? 고대 기독교에서 제정한 신학의 한 원리는 '구원에서 인간의 역할은 전혀 없다'는 것이 있기 때문이다. 구원에서 인간의 역할이 없다고 하니, 그럼 믿음 고백은 누가하느냐?고 힐문하며 도전했다. '구원에서 인간의 역할이 전혀 없다'는 문장을 전혀 이해하지 못한 것이다. 앞 문장은 구원에서 인간의 전적 부패와 무능을 고백하라는 것이다. 중세 로마 카톨릭은 인간의 자유의지가 잔존한 것으로 평가해서 신인협력적인 구원 요소를 정통 교리로 확립했다. 트렌트 회의 의회교령(법규 4항)에서는 오직 믿음으로 의롭게 된다고 고백하는 내용을 가르치는 세력에 대해서 거부와 저주를 선언했다.

기독교 역사에서 기독교 정통파는 언제든지 소수였다. 그럼에도 정통파가 독재적 군림자로 여겨지는데, 그것은 정통파가 아닌 부류에서 자칭 정통파를 자처하면서 폭거를 행동했기 때문이다. 그리고 거대세력의 비정통파들은 언제든지 소수의 정통파의 위력에 눌려있기 때문이기도 하다. 그들이 기독교 정동파가 아닌 것은 예수를 믿음에 부족했거나 거부하기 때문이다. 정통파는 예수 믿음을 세우고 예수 이름이 영광을 받도록 한다.

'오직 믿음(sola fide)'은 16세기에 구체화된 기독교 교리이다(iustificatio fide). 종교개혁의 결말은 '절대예정(이중예정)'으로 마쳤다. 루터파에서도 예정 교리가 있었지만 칼빈파처럼 좀 더 체계적인 절대예정으로 나아가지는 못하고 오직 믿음에 머물렀다. 칼빈파 진영인 네덜란드에서 알미니우스의 후예들이 절대예정에 대해서 항의(항론파)했다. 결국 1618년 돌트에서 공의회를 열어 항론파가 주장한 5항목을 반박하고(자유의지, 조건선택, 일반속죄, 거부할 수 있는 은혜, 탈락이 가능), 5항목(TULIP, 전적부패, 무조건적 선택, 제한속죄, 저항할 수 없는 은혜, 성도의 견인)을 세웠다. 절대예정이 교회 공회의를 통해서 확정된 것이다. 종교개혁으로 신교와 구교가 교리를 합의하지 못하고 분리되었고, 칼빈파 내부에서 항론파가 칼빈의 교리를 부분을 거부하며 분리했다. 그러나 항론파는 그들의 가르침을 포기하지 않았고 구원에서 믿음과 행위의 문제는 교회의 뜨거운 감자로 500년 동안 논쟁을 유지하고 있다.

21세기에 들어선 교회는 16~17세기에 유럽 교회가 질서가 결말을 보았다. 17세기 결정된 교회는 구교(로마 교회), 신교(루터교, 칼빈파, 알미니안, 영국 국교회)로 구분할 수 있다. 계몽철학의 도전에 유럽 교회는 세속화되었다. 유럽 교회는 분리된 교파들이 세속 철학을 따르다 보니 차이가 없어질 지경까지 이르렀다. 1,2차 세계대전을 치르면서 세계 지성과 종교는 급변했다. 철학계는 세계정신으로, 종교계는 종교통합으로 움직이고 있다.

구원에서 백성에게 주어진 의는 구교와 영국 국교회는 교회의 권위에 근거해서 사제가 선언하는 방식이고, 루터파와 칼빈파는 법정적 칭의이다. 트렌트 회의의 결정은 행위 구원으로 관계적 칭의의 모태가 된다.

구원의 근거가 어디에 있는가? 교회 안에서 있기에 구원받음(로마 카톨릭), 그리스도 안에 있기에 구원받음(루터파, 개혁파), 행위를 함으로 구원받음(알미니안) 다양한 조건이 있다. 루터교와 칼빈파는 오직 은혜(sola gratia)로 그리스도 안에서를 믿음을 주장했다. 그러나 알미니안은 그리스도 안에서 행위를 주장했고, 구교는 그리스도 안에 있는 교회의 권위를 주장한 것이다.

구원이란 무엇인가? 구원은 그리스도 구속의 피흘림의 속죄제사로 죄를 사하고, 믿는 자에게 성령을 보내서 내주케하심이다. 칼빈은 칭의를 '죄사함(remissio peccatorum)'과 '그리스도의 의의 전가(iustitiae Christi imputatio)'로 제시했다(기독교강요, 3.11.2).

구원의 시작은 '죄사함과 성령의 내주(의의 전가)'인데, 시작은 법정적 선언(forensic, judicial)으로 시작한 것이다. 법정적 선언으로 확립된 의를'법정적 칭의(forensic justification)'라 한다. 이 법정은 하늘의 보좌이며, 때가 찰 때 택자를 부르시는 주의 선언이고 음성(Calling)이다. 메이천은 바울의 구원 이해를 당대의 종교와 교합점이 없는 기독교의 독특성으로 제시했다. 반면 찰스 피니(1792-1875)는 장로교도였지만 법정적 칭의를 전면 부정했다.

　구원의 실제 효력인 '그리스도의 의'가 백성에게 들어옴의 시작은 인간이 예측할 수 없는 하나님의 때에 이루어진다. 그리스도의 의가 백성에게 들어오는 방식에서 구교에서는 '주입(infusion)'으로, 칼빈은 '전가(imputation)'로 제시했다. 칼빈이 전가 교리를 세운 것은 첫째 신성이 인간에게 전이됨의 오해와 부패를 방지하게 위함이다. 둘째, 그리스도의 의가 일회로 끝나는 것이 아니라, 연합으로 끊임없는 경건을 유지해야 하기 때문이다. 셋째, 의의 전가에 대한 표현으로 '옷입음'으로 제시했다.

　현대에 들어와서는 N. T. 라이트와 J. 파이퍼가 칭의논쟁을 했다. 라이트가 승리한 것으로 보이며, 라이트는 칭의에서 종교개혁에서 이해한 개념을 수정해야 하는 것으로 주장했다(라이트, [기독교, 책을 말하다] VS 파이퍼, [칭의논쟁]). 이러한 일련의 사고는 먼저 알미니안과 웨슬리안의 영향과 2차 세계대전 이후 유대교에 대한 평가가 전적으로 변화한 것을 인지해야 한다. E. P. 샌더스의 영향으로 유대교는 기독교의 유일한 모태가 되었다. 라이트와 샌더스의 공통점은 기독교가 유대교에 근거한 것으로 제시하는 것인데, 이것은 구교 지향적인 모습이다. 유대교에서 연관된 기독교 이해에서는 관계적 칭의를 제시하고 있다.

칼빈은 구교(로마 교회)가 유대교를 답습한 종교로 비판했다. 칼빈과 메이천은 기독교는 유대교에서 연속된 종교가 아니라, 구약 성경에 근거한 참 종교임을 변호했다.[20]

구원은 심판자이신 하나님의 선언이 일차적으로 이루어져야 가능하며, 종말(죽음과 시대의 종말)에 완전한 심판이 이루어져야 완성된다. 하나님과 인간의 관계에서 법정적 선언이 없는 구원은 불가능하다. 법정적 선언은 예기하지 않는 구원(인간이 준비하지 않은)을 신학화한 것이다. 인간과 인간의 관계에서도 선언이 이루어진 후에 관계가 시작된다. 종교개혁신학은 법정적 칭의 이후의 백성의 태도를 관계로 규정하지 않고, 경건의 정진의 상태와 교회의 회복과 이룸의 상

---

20) (참고) 알프레드 에더스하임, 황영철 역 「메시아 1」 (서울: 생명의말씀사, 2012), 227-229.

태로 제시했다. 의로운 백성은 경건의 정진과 교회의 이룸을 위해서
세상의 어려움에서 아버지의 사랑과 아들의 은혜 그리고 성령의 교통
함이 필요하다. 경건한 하나님의 백성들은 감히 하나님과 관계한다
는 말을 할 수 없고, 오직 찬양드릴 수 있음에 놀람을 표했다.

칼빈의 공관복음서 주석의 서론에서 본 '복음'에 대한 정의

칼빈은 공관복음서를 주석하면서 복음에 대한 정의를 한다. "복음
이라는 단어의 뜻을 정확하게 파악할 필요"에 대해서 언급하면서 시
작한다. "복음이란 무엇인가?"에 대한 정의는 신학자마다 다양하다
는 것은 참 불행한 일이다. 그러나 "복음이란 무엇인가?"가 무척 중요
한 문장임으로 신앙인들은 복음에 대한 명확한 이해는 절대적이다.
다양한 신학자들의 견해를 뒤로 하고, 역사적으로 먼저 칼빈이 정의
한 복음의 개념을 명확하게 이해함으로 비교의 원점을 삼을 수 있다.
칼빈이 복음에 대한 명확한 이해를 필요성을 제시했고(it is of great
importance to understand the meaning of the word Gospel), 이 시대

에도 변함없이 복음에 대한 명확한 이해는 자기 신앙의 정체성을 규정하는 중요한 일이다.

칼빈은 복음은 3자에 의해서 정의된 것이 아니라, 복음서 저자들 자신의 정의라는 것을 명시한다(denominated by the Authors). 복음서 저자들의 정의가 복음에 대한 명확한 개념이 될 것이다.

칼빈은 복음에 대한 저자의 진술로 먼저 마가복음에서 "예수 그리스도 복음의 시작"라고 한 것과 둘째 바울의 문장인 "하나님이 선지자들로 말미암아 그의 아들에 관하여 성경에 미리 약속한 것이라. 이 아들로 말하면 육신으로는 다윗의 혈통에서 나셨고 성결의 영으로는 죽은 자 가운데서 부활하여 능력으로 하나님의 아들로 인정되셨으니 곧 우리 주 예수 그리스도시니라(롬 1:2-4)"로 세웠다. 이 두 저자의 두 문장에서 두 개념으로 제시했다.

첫째, '변화 없이 조상들에게 계승되어 온 약속으로, 구원의 계시에 대한 증거'가 '복음'이라는 것이다. 그래서 '복음'이 '약속, promise'과 '

기쁨의 소식, joyful message'과 명확한 구분을 갖는 것으로 제시했다.

　바울은 율법과 선지자로 말미암아 증거된 하나님의 의를 명백하게 여러 서신에서 기술했다. 먼저 고린도후서 5:20에서 복음이 사람에게, 그리스도의 죽음으로 성취한 하나님과 세상의 화해를 매일 듣도록 하는 '사신(使臣, Embassy)'으로 불렀다. 둘째, 바울은 복음이 그리스도가 하나님께서 선조에게 약속하신'모든 복의 보증(the pledge of all the blessings)'으로 계시를 완성하신 분이라는 것이다(고후 1:20). 예수를 통해서 드러난 구원 계시는 백성에게 주어지는 양자의 복, 영원한 자비, 자신의 형제로 삼으심이 하나님의 성육신을 통해 드러났다. 그리고 백성을 사망의 저주와 심판에서 괴로움을 당하지 않도록 죄를 사하는 것은 그리스도의 죽음의 속죄 제사(in the sacrifice of his death)에서, 부활에서는 의(義, righteousness), 구원, 영생의 복을 볼 수 있다는 것이다. 즉 그리스도의 죽음과 부활에서 죄사함, 그리고 의, 구원, 영생의 복을 계시한 것이다.

　칼빈의 복음에 대한 일차적인 정의는 "복음이란 타락한 세상에서 백성을 사망에서 생명으로 회복하려고, 하나님의 아들이 육신을 입고 나타나는 공적인 실현이다"이다. 그래서 복음이 바로 가장 선하며 기쁜 소식이 된다. 또한 복음에서 완전한 행복(至福)이 땅에서 하나님 통치로 실현됨과, 성령의 새롭게 함으로 하늘의 영광과 기쁨을 소유하게 된다. 그래서 칼빈은 하나님 나라를 '하늘나라'와 '그리스도 안에서 베풀어지는 새로운 복된 삶'으로 정의한다. 마가복음에서 아리마대 사람 요셉을 '하나님 나라를 기다리는 사람'으로 부르는 것을 주지시켰다. 하나님 나라는 그리스도의 십자가와 성령으로 실현되기 때문이다.

칼빈은 복음의 이해에서 '사도'와 '선지자'를 구분한다. 선지자는 복음의 사자가 아니라, 복음의 예비자라는 것이다. 복음의 시작은 세례 요한이며, 요한 이전인 율법과 선지자는 복음의 사자가 될 수 없다는 것이다. 율법과 선지자에서는 로마서 1:2-4처럼 약속을 미리 말함을 하는 역할이다. 복음은 세례 요한에서 메시아의 도래를 준비시키고, 그리스도께서 시작한다는 것이다(눅 16:16).

칼빈은 사복음서의 저자들이 동일하게 '복음의 시작은 그리스도'라고 규정하고 있음으로 주장했다. 복음서 저자들은 그리스도께서 중보자 사역을 감당하심으로 하나님의 구원 경륜을 "위대한 유산(great propriety)"을 전한다는 것이다. 복음서 저자들은 동일하게 그리스도의 탄생, 죽음, 부활 그 자체를 구원의 총체이며 구원의 본질로서, 아버지께서 보내신 그리스도로 말미암아 우리에게 주어진 복이며 삶의 원천인 것을 명확하게 계시하기 때문이다. 즉 그리스도의 성육신으로 말미암아 주어지는 의미와 효과에 대해서 기록하고 있다는 것이다.

칼빈은 의미와 효과에서 공관복음서와 요한복음의 차이를 제시한다. 즉 공관복음서에서는 "그리스도께서 인류에게 약속된 구속주, 곧 하나님의 아들로서 그리스도의 능력이 강조"되지만, 요한복음에서는 "그리스도께서 창세 전부터 계시며, 때가 차매 나타나신 그리스도의 인격"을 중점으로 한다는 것이다. 전자는 그리스도의 공생애의 활동에 대해서, 후자는 그리스도의 영원에서 성육신 하심에 대해서 말씀하고 있다는 것이다. 물론 네 복음서 기자가 동일하게 하늘의 진리가 그리스도와 사도들을 통해서 우리에게 계시되며, 그리스도의 완전성이 구약의 절대성의 강조에 대해서는 차이가 없다.

　　그리고 칼빈은 각 복음서의 각 저자에 대해서 기술한다. 첫째, 마태는 예수의 제자 중 한 사람이고, 마가는 베드로의 가까운 제자로서, 선생의 구술(口述)을 기록했다고 전해지는 것도 있다고 했다. 구술에 의한 기록인지, 마가의 저술인지에 대한 논란은 성령의 영감에 의한 저술로 볼 때에 큰 논란이 되지 않는다고 했다. 또한 칼빈은 제롬이 주장하는 마가복음이 마태복음의 요약이라는 견해에 대해서는 거부했다. 그것은 순서가 다르며, 어떤 부분에서는 마가복음이 상세하게 설명하고 있기 때문이다. 또한 타인의 작품을 축소판으로 삼은 것은 저술의 바람직한 의도가 아니라는 것이다. 누가의 경우에도 본인의 분명한 입장에서 기록한 것으로 독특한 배열을 갖고 있음으로 주장한다. 이러한 공관복음서에는 하나님의 섭리와 성령의 놀라운 작용에서 권위를 갖도록 했다. 유세비우스는 누가복음의 저자를 바울이라고 함에 대해서 칼빈은 가까운 동료임에는 인정하지만, 누가복음의 바울 저작설에 대해서는 부정적으로 말한다. 누가복음에 등장하는 애매하고 모호한 표현들이 있기 때문이다.

칼빈은 공관복음서를 한 권으로 저술하는 이유는 한 권의 복음서를 명확하게 해석하기 위해서는 필연적으로 비교, 대조가 필요하기 때문이라고 했다. 그래서 세 복음서를 조화하려고 하였는데, 일치된 조화는 이루지 못했다고 한다. 세 복음서를 한 권으로 묶어서 본문의 유사점과 차이점을 구별하는 유익을 위해서 시도했다는 것이다. 그리고 이러한 시도는 칼빈이 독자적인 방법이 아니고, 하나님의 교회의 석학인 부처(Bucer)도 시도한 것이었고, 다른 많은 선배들에게도 있었음을 피력했다. 또한 칼빈은 부처의 견해와 다름을 진술하지만, 둘 사이의 친분에는 아무런 문제가 없음을 언급함으로 서언을 마쳤다.

칼빈은 복음을 오직 예수 그리스도의 구속 사역에 집중하도록 훈련시켰다. 복음은 죄된 백성을 구원하러 오시는 성자 하나님의 성육신과 구속 사역 그리고 적용과 성취이다.

'성령의 기름 부으심'이란 용어 사용에 대해서

교회에서 사용하는 용어들이 바르게 사용되고 있는지 살피는 것은 매우 중요한 일이다. 특히 사용되는 어휘가 신앙 문제를 내포하고 있기 때문에 매우 주의를 기울여 사용하고 분별해야 한다. 포스트모던 사회에서는 참과 거짓을 분별하는 것을 독단이라고 규정했다. 언어 사용에 책임을 지지도 않는다. 청자가 스스로 결정하도록 하는 경향이 있다(독자반응). 이런 상황이 교회에도 도입되어 무책임하고 무분별하게 언어를 사용한다. 그러나 교회는 진리의 기둥이고 참과 거짓을 분별하는 생명 기관이기 때문에 언어 사용에 매우 주의해야 한다. 교회에서 사용하는 언어는 법정에서 사용하는 것처럼 신중해야 한다.

한국 교회에서 분별하지 않고 많이 사용하는 한 문장이 '성령의 기름 부으심'이다.

한국 교회 강단과 공동체 안에서 '기름 부으심', '성령의 기름 부으심' 혹은 '하나님의 기름 부으심'에 대한 용어를 빈번하게 사용한다. 어떤 연유로 "기름 부으심"이란 단어가 도입되었는지 경로에 대해서 명확하게 드러나지 않은 상태에서 사용하고 있다. '기름 부음'이 성경에 등장하는 단어이지만, 기름 부음의 의미 및 주체에 대한 고려가 없이 분별없이 사용하고 있다.

한국 교회는 한 때 '성령 충만'이란 단어에 대해서 깊이 있는 논의를 진행했었다. 그런데 '성령 충만'에서 이제 '성령의 기름 부으심'으로 유행어가 바뀐 것으로 보인다. '성령 충만'이란 단어도 면밀하게 검토하면 적합하지 않거나 명확하지 않게 사용했다는 것이 드러났다. 성령 충만받음을 인간으로 하는 것이 아니라고 합의가 된 것이다. 그럴 즈음에 '성령의 기름 부으심'이 등장했다. 그러면서 성령충만받음 도식에 인간 편에서 요구, 간청 등의 도식을 유지하고 있다. 성령충만이나 성령의 기름부으심 모두 인간 편에서 간절하게 사모할 때 받을 수 있는 것이다. 단 성령의 기름부으심이라고 했을 때에는 인간이 사모하지 않아도 임의적으로 올 수 있는 길까지 개방시켰다.

그런데 '성령의 기름 부으심'이라 했을 때, '성령께서 기름을 부어주신 것'으로 이해할 수 있다. 그런데 정작 성령께서 기름을 부으시는 일을 하시는가?에 대해서는 고찰하지 않는다. '하나님의 기름 부으심', '성령의 기름 부으심'이란 성경 용례에는 없다. 어떤 세력이 신학화해서 정착시킨 용어이다.

성경에서는 '주의 기름 부으심'으로 말씀한다(요일 2:27). 구약에서 '주'는 '여호와'를 지칭하며, 신약에서 '주'는 '그리스도'를 의미한다. 그리스도께서는 불과 성령으로 세례를 주시는 분이시다. 성령께서는 세례도 성령도 주시지 않으신다. 성령 세례도 주께서 주시는 세례이다. 그런데 성령의 기름 부으심에서 성령이 기름을 부어주신다고 왜 생각하고 있는가?

성령 세례는 그리스도의 구속 사역의 완성으로 오순절 예루살렘 다락방 120의 제자에게 임한 종말론적 사건이다. '기름 부음'은 'anointment', 'anointing'이로, 사전적 의미는 다음과 같다.

기름부음을 받는 사람은 신성하고 선하다고 여겨지는 대상(신)과 특별한 관계를 맺도록 '구별'하는 것이다. 그런데 '기름'이라는 단어에서 'oil'이 연상되는데, anointing은 감람유를 붓는 모양이다. 이

'기름'은 성령이고, 기름을 붓는 이는 제사장이다. 신에게 제사를 드리기 위해서, 신이 거룩한 장소에 임하여 만족을 얻는다는 것을 보증하고 상징하기 위해서 제단제기(祭器)신전무기옷가지에도 기름을 붓는다. 고대부터 로마 가톨릭 교회와 동방정교회에서는 중병에 걸린 사람과 노인에게 기름을 붓는 의식을 성사(聖事)로 시행해왔다. 오랫동안 로마 카톨릭 교회에서는 기름부음을 임종의식으로 여겨왔는데, 대개는 죽음이 임박해서 숨이 끊어지려 할 때 비로소 그 의식을 행했으며, 따라서 종부성사(extreme unction)라는 이름으로 발전했다.(Daum 백과사전)

기름 부음이란 용어가 로마 카톨릭과 동방 정교회에서 보편적으로 사용되는 단어인 것이다. 즉 그리스도의 피로 거룩케 되는 것이 정통 신앙인데, 사제의 기름 부음으로 성별케 하거나 병자를 치유하는 방식으로 사용하고 있는 것이다.

칼빈은 눅 2:26에서 anointed(기름부음)를 "아버지께서 그리스도에게 주시는 성령 세례"라고 주석했다. 그리고 주 예수께서 메시아의 사역으로 모든 세대에게 기름을 부어주시는 것이다. 기름이 부어지는 것은 그리스도께서 부르실 때에 성별(聖別)하는 보이지 않는 영적 행위이고, 기름 부음을 받는 대상은 사람으로 그리스도인이다.

'기름 부음'에 대해서 칼빈은 메시야 직임과 주의 백성됨의 직임으로 제시하는데 반해, 로마 카톨릭이나 동방 정교회에서는 '성별(聖別)'이나 '치유 수단'으로 사용한 것이다. 칼빈은 중세교회의 그릇된 성경 용례를 말씀에 합당하게 제시해 주었다.

현재 한국교회에서도 성령 세례에 사용되는 용례를 '성별(聖別)', '치유', '능력'으로 사용하는 것으로 이해한다. 이러한 용어 사용은 성경에서는 전혀 사용된 적이 없는 개념이다. 그리고 성경에서 사용하는 용례가 있음에도 불구하고 성경과 다른 용례를 만들어 단어를 정착시키는 것은 신학화인데, 신학이 성경의 사상과 일치해야 한다. 필자는 '기름부으심'이 요일 2:27에 근거하여 성령이 기름부음은 부당함을 제시했다. 주께서 베푸시는 기름부으심은 구원과 은사이기 때문에, 마음이나 질병 치유나 어떤 능력을 행함 등 신비적인 사역으로 분류하는 것은 비성경적이고 자기 목적을 정당화하기 위해서 창작한 용어이다. 그러므로 부당하게 창안한 '성령의 기름부으심'이란 용어 사용은 중지해야 한다.

만약 '기름 부으심'에 대해서 사용하려 한다면 성경대로 '주께서 기름을 부어 주신다'고 해야 할 것이다. 그리고 죄를 제거하고 거룩하게 살 수 있는 힘을 주시는 성령의 사역으로 연결해야 한다. 병의 치료, 마음의 치유 등으로 기름 부음을 사용하는 것은 성경에 근거하지 않는다. 성경과 유사한 용어를 교회에서 창작해서 애매하게 사용하는 것은 기독교 신앙에 위험을 초래하게 된다. 종교개혁은 중세의 구습, 성경에 적합하지 않는 전통이나 가르침에 대해서 과감하게 개혁했다. '성령의 기름 부음'이라는 용어 사용은 개혁된 교회를 다시 중세로 회귀시키는 퇴보의 모습도 있다. 성령께서 기름을 가시적으로 붓지 않기 때문에 가시적 대행자인 사제의 역할이 필요하기 때문이다.

교회가 하나님 앞에 보다 거룩하고 바르게 설 수 있도록 개혁해야 한다. 새로운 용어인데 뒤로 물러가는 언어라면 매우 부적합하다.

교회: 그리스도의 몸

'교회 밖에는 구원이 없다(Extra ecclesiam nulla salus)'는 키프리안의 문장은 교회의 정설이었는데, 이제 교회 밖에 '가나안 성도'라는 것이 일반이 되어버린 상황이다. '가나안 성도'라는 개념은 '교회 밖에도 구원이 있다'는 명제로 한 발 다가선 개념이라고 생각한다.

힌두교 신자인 간디는 예수는 좋지만 교회는 좋아하지 않는다고 했다. 실존주의 철학자인 키에르케고르는 예수는 물로 포도주를 만들었는데, 교회는 포도주를 다시 물로 만들었다고 비판했다. 교회가 세상에 지탄을 받는 것은 바른 행동이 없기 때문이다. 그래서 바른 행동(윤리) 운동을 해야 한다고 주장하기도 한다. 그러나 교회의 고유 목적을 준행하지 않으면 뒤에 따르는 모든 것이 의미가 없다. 교회가 고유 목적 복음 전수와 전파를 하지 않으며 바른 행동도 없는 것이 문제다.

그래서 교회를 향한 세상의 비판에 대해서 바른 행동을 해야 한다는 의견이 분분하다. 교회와 성도가 바른 행동을 하지 않는 이유는 윤리 설교가 부족해서 그런 것이 아니다. 인간 본성을 윤리 설교로 바꿀 수 없기 때문이다. 인간 본성은 오직 복음으로 변화시키고 회복시킬 수 있다. 교회 강단에서 복음이 선포되지 않기 때문에 회복된 인간의 이상적인 행동이 나타나지 않는 것이다.

비정상적인 교회가 일상화되어 교회 개혁의 필요성을 주장하는 목소리가 높다. 교회 개혁은 윤리 부재에서 시작하는 것이 아니라 왜곡된 신학에서 시작한다. 한국 교회는 오히려 이러한 처방을 위해서 왜곡된 유럽(현대주의)과 미국(신비주의와 실용주의)의 신학을 더 도입하고 있다. 그럴수록 혼란은 더 증가한다. 오히려 세계 기독교의 희망은 한국 교회라고 할 수 있다. 그렇다면 한국 교회는 스스로 기독교 회복을 위한 자구책을 창출해야 한다.

한국 교회는 더 바른 신학 체계를 세워야 할 위치를 갖고 있다. 피선교 국가에서 유일하게 강력한 기독교 영향력을 행사하고 있기 때문이다. 복음이 불신자에게 전도될 수 있는 신학 체계를 한국 교회가 세워야 한다. 기존의 신학은 기독교 문화가 완숙된 유럽과 미국에서 형성되었다. 그렇기 때문에 교회 이해에도 차이가 있다. 한국 교회는 네비우스 선교 정책에 의해서 성장했기 때문에, 교회 연합과 균형 잡힌 관계를 통해서 선교 정책에 잘 활용해야 한다.

복음을 바르게 이해하고 행동하면 사회에서 '그리스도인'이라 인정을 받을 것이다. 그리고 바른 교회는 주의 명령을 받아 위탁된 진리의 말씀을 땅끝까지 전파하도록 노력할 것이다. 복음은 '속도전'이 아니라 '굳건한 반석 위에 세우는 정진'이다. 교회를 향한 세상의 지탄은 당연히 귀를 기울여 반성하고 수정해야 한다. 교회가 세상보다 더 엄격한 윤리 기준을 갖고 있기 때문이다. 은혜는 법을 완성시키지 법을 무력화시키지 않는다. 법과 질서를 무마시키는 것을 '은혜'라고 하는 교회 언어 행태를 중단해야 한다. 은혜가 충만한데 죄가 충만할 수 없다. 은혜가 충만하면 진리가 충만하다(요 1:14).

예수와 교회(요한복음 17:21-26절)

예수께서는 자기의 영광을 저희(제자)에게 주었으니 교회에도 예수 영광이 있다. 그리고 예수와 교회는 하나이다. 이 하나됨은 예수 영광이 충만할 때 더욱 드러난다. 교회가 타락하여 예수를 부인할 수 있겠지만, 머리이신 예수는 몸 된 교회를 버리지 않았다. 교회의 영광은 주 예수의 영광이다. 그리스도께 연합된 백성은 교회를 이루어(지체) 머리에 영광이 나타나도록 한다.

교회 안에 예수께서 거하신다(26절). 예수께서 거하시는 교회와 예수를 분리하여 이해하려는 것은 예수 그리스도의 구속 사역을 바르게 이해하지 않기 때문에 이루어진 것이다. 우리의 구원은 예수 그리스도의 구속 사역에 근거한 것이지, 우리의 이성에 근거하지 않는다. 영원하신 나의 주, 나의 하나님이신 예수를 믿음으로 그의 몸 된 교회가 거룩하고 영광이 나타난다. 그래서 예수와 교회는 절대로 분리될 수 없다. 예수와 교회가 분리된다는 것은 상상할 수 없습니다. 예수가 거하는 교회는 복음이 선포되는 교회이다. 복음을 선포하지 않거나 못하는 교회는 예수 영광을 폄훼하는 집단이다.

교회 밖에서 예수를 참으로 믿을 수 있다는 것은 몸이 없는 예수가 정상적이라는 것과 같다. 예수의 몸인 교회 밖에는 구원이 없다(Extra ecclesiam nulla salus). 예수께서는 교회 안에 거주하시며 교회 안의 택자들에게 영광을 받으시지, 교회 밖에 있는 선량한(?) 사람들에게 영광을 받으시는 것이 아니다. 영광을 돌리지 못한 택자들이 분발을 해야 하는 것이지(소금과 빛), 십자가의 피의 죄사함이 없는 백성이 예수께 영광을 돌릴 것이라는 생각은 상상할 수 없다. 아무리 선량해도 구주 하나님께 영광을 돌리지 않는다.

기독교란 '그리스도의 종교'이다. 그리스도 교회는 '그리스도의 교회'이다. 그리스도와 교회를 분리하는 것은 나와 그리스도를 분리하는 것과 동일하다. 머리이신 그리스도에게서 몸을 떼어내는 행동과 동일하다. 교회는 그리스도의 몸이다. 몸이 머리에서 이탈하면 결국 몸만 죽는다. 그리스도의 몸이 세상 다른 어디에 또 있다고 성경에 기록되어 있지 않다. 그곳을 알려주신다면 기독교 신학은 허물고 다시 세워야 한다.

현대신학에서 바르트는 교회를 강조하면서 예수를 폄훼했다. 교회가 하나님의 행동의 장소이고 인식하는 장소이지, 영광을 받을 하나님에 대해서 언급하지 않기 때문이다. 인간 예수만을 주장하는 사람이 있는 교회는 결국 예수 이름이 중요하다는 생각도 하지 않는

다. 영생은 하나님과 그의 보내신 자 예수 그리스도를 아는 것이다
(요 17:3). 하나님의 뜻은 곧 보내신 자(예수)를 믿는 것이다(요 6:29,
40). 하나님의 영광을 위해서 예수 복음을 선포해야 한다. 교회의 영
광을 사모하는 백성은 교회의 머리인 예수의 이름을 선포하고 증거
해야 한다.

하나님 나라와 교회

한국 교회에서 '하나님 나라 확장' 혹은 '하나님 나라 운동'이라는
용어를 많이 사용한다. 승천하시는 주 예수께서 제자들에게 준 지상
명령(至上命令, 마 28장, 행 1장)으로 땅끝까지 전도 명령을 받았다.
선교 신학에서 '교회성장학' 분야가 있다. 이 확장은 복음의 확산이고,
복음이 확산되면 교회가 설립된다. 그런데 지금은 하나님 나라를 확
장해야 한다고 말한다.

그렇다면 만약 당신에게 '하나님 나라'와 '교회' 확장 중 양자택일하
라면 무엇을 선택할 것인가? 양자가 함께 택할 수 없는 가치라고 할

것이다. 그러나 현재 우리 현실에서는 하나님 나라 확장이라는 말을 주로 사용한다. 교회 성장이나 확장에 대해서 소극적인 자세이다. '하나님 나라'와 '교회'의 공통점은 '확장' 혹은 '성장'에 있기 때문에 양자택일을 질문할 수 있다. '하나님 나라의 확장인가? 아니면 '교회 성장인가?'둘 중에 어느 것을 택하겠는가?

하나님 나라 확장이란 무엇인가? 하나님 나라는 이 세상 모든 영역에서 하나님의 통치가 실현되는 것이라고 한다. 모든 영역에서 하나님의 통치가 실현되는 것이 마치 기독교 사명처럼 보이지만 개혁 신학에서 '문화 사역'의 한 부분에 불과하다. 즉 하나님 나라 확장은 일반 영역에서 하나님의 통치의 실현을 위한 일반적인 사역이다. 일반적인 사역에서는 죄의 제거가 목표가 아닌 공평과 정의를 세워 죄를 억제한다. 기독교의 기본은 예수 그리스도의 구속 사역으로 죄를 제거함과 거룩을 이룸에 있다. 그러나 인간의 죄된 본성을 억제하고 죄의 증식을 막는 것도 중요한 과제이다. 복음 본연의 역할은 아니다.

반면 교회 성장은 무엇인가? 교회의 성장은 내면의 성장과 외면의 성장으로 구분할 수 있다. 내면 성장은 성장학에서 원리적으로 인정하지만 취급할 수 없다. 보이지 않는 영적 분야이기 때문이다. 외적 성장에서는 전체 교회의 성장과 개 교회의 성장으로 구분할 수 있다. 원리적으로 개교회가 성장하면 전체 교회가 성장해야 한다. 그런데 한국 교회에 성장하는 개 교회가 있다는데 전체 교회는 성장하지 않는다고 한다. 그렇다면 개 교회 성장에 어떤 문제가 있다고 볼 수 있다. 성장한 개교회와 퇴보한 개교회가 있으며, 퇴보한 개교회에서 성장한 개교회로 이동을 교회 성장(수평 이동)이라고 할 수 없다. 수평 이동으로 성장하는 것이나 회심없이 사람의 숫자만 증가하는 것은 교회성장학이 아니라 기업화된 교회에 이익창출 증가라고 봐야 한다. 기업이 무한 경쟁을 하기 때문에 교회도 무한 경쟁을 한다면 개교회는 성장하지만 전체 교회는 퇴락할 것이다.

하나님 나라 확장, 하나님의 통치가 삶에서 실현되는 것은 문화 사역으로 정의했다. 교회 성장은 국가 전체 교회가 성장해야 한다는 것을 제시했다. 확장이나 성장은 인간적이고 외적 모습이고 영적인 분야가 아니다. 신학에서 다루는 교회 이해는 영적인 분야만 다룬다. 그런데 외적 가치에 사로 잡힌 것은 신학 훈련이 부족한 것이며, 영적 가치를 추구하지 않기 때문이다.

교회를 성장시켜야 하는가? 혹은 하나님 나라를 확장시켜야 하는가? 하나님 나라 확장에는 숫자의 중대가 아닌 흐름(方向)에 강조가 있다. 교회 성장은 '한 교회'가 성장한 사례는 발표되는데 전체 교회는 성장하지 않는다. 어떤 '한 교회'가 성장할 때에 타격을 받는 어떤 '한 교회'가 있다고 볼 수 있다. 하나님 나라의 확장에 실패하면 책임질 주체는 없다. 하나님 나라 확장은 거시적이고 광범위하기 때문에 평가할 수가 없다. 하나님께 모든 책임을 돌리기 때문에 판단이 더 어렵다. 즉 이룰 수 없는 가치를 설정해서 교묘하게 자기 책임을 피하는 전략이라고 볼 수 있다. 교회가 외적으로 성장하지 않을 때에, 성장하지 못한 '한 교회'라는 주체는 어떤 책임이 있다. '한 교회'가 성장하고 '전체 교회'가 성장하지 않을 때에, 교회는 권력화되어 모든 사역자들이 성장하는 한 교회를 모델링하고 사모한다. 교회 사역자는 복음의 담력이 있는 사명자여야 한다. 그래서 외적 성장과 함께 말씀의 진보와 성장도 동반해야 한다. 복음으로 훈련 받은 그리스도인은 온유와 관용이 증가하고, 세상에서 구체적인 자기 역할을 다하려고 시도하고 노력한다. 하나님 나라의 백성은 윤리나 행동방식이 피상적이고 주관적일 수 있다. 복음의 사람은 매우 합리적이고 협력적이고 구체적인 방안과 가치를 추구한다.

'하나님 나라'의 왕은 누구인가? '하나님'이라고 한다. '교회'의 왕(머리)은 누구인가? '예수 그리스도'이다. 하나님 나라와 교회, 왕인 하나님과 예수는 동일한가? 자유주의와 현대주의에서는 동일하게 '일치하지 않는다'라고 앞에서 제시했다. 하나님을 규정할 수 없는 비본체적으로 이해하고, 예수는 하나님께 위탁된 대리 통치자로서 인간 예수이기 때문이다. 정통 신학을 지향하는 신학도가 하나님 나라와 교회의 왕이 일치한다고 생각한다면 일치하는 신학 원리를 제시해야 한다.

'하나님 나라 확장'을 강조하면서 '교회 성장'이란 표어가 상대적으로 감소되었다. 이러한 현상적으로 볼 때에 하나님 나라와 교회는 서로 화합되어 상호 발전되는 구조가 아닌 것으로 보인다. 교회 안에서 이루어진 신학으로 '하나님 나라' 개념이 확장되면서 '교회'의 중요성이 약화되는 것이다. 교회를 위해서 헌신한다는 언어보다 하나님 나라를 위해서 헌신한다는 언어가 훨씬 더 많다.

교회의 머리는 예수 그리스도이며, 교회는 예수 그리스도의 지체이다. 교회의 성장에는 두 가지가 있다. 첫째 지체가 강하게 되는 것이고, 둘째는 다양한 지체와 동일하지만 많은 지체가 증가되는 것이다. 교회의 성장에서는 두 가지를 모두 추구해야 한다.

교회가 약화되는 한 요인으로 교회가 '하나님 나라 확장'이라는 어휘를 많이 사용한 것을 여기에서 한 논점으로 삼았다. 교회에서 선포되는 복음을 중심으로 교회의 지체들이 거룩한 삶을 살아야 하는데, 하나님 나라 백성으로 통치를 확장한다는 모호한 개념을 갖고 있다. 성도가 사회에서 하나님의 백성으로 삶을 강조하면서, 찬양과 관상기도 등 온갖 신비주의 산물로 비합리적 산물로 중독되어 있다. 그리스도인이 사회에서 그리스도인으로서 선한 영향력을 발휘하는 것이 중요하지만, 그리스도인은 거룩한 삶을 살아야 한다. 타인에 대한 영향력을 고려할 것이 아니라 자기 자신을 먼저 지켜야 한다. 자기를 돌보지 않고 타인을 위한다고 하는 것은 유교의 수기치인(修己治人)에도 미치지 못한 분수 넘치는 행동이다. 자기성찰 후에 선한 영향력을 가시적이고 구체적으로 제시하고 성취해야 한다(성취 가능한 목표 설정).

그래서 필자는 그리스도인이 세상에서 하나님 나라 확장이란 개념을 사용하기 보다, 기존에 있는 문화 사역으로 정확하게 인식하고 적극적으로 활용하길 바란다. 또한 이런 형태는 영적인 것이 아니라 세상적인 가치라는 것을 인식해야 한다.

본래 하나님 나라는 세상에 보이는 외형적인 나라가 아니라, 신자의 내면에서 이루어지는 신비스러운 나라이다. 예수 그리스도께서 세우신 하나님 나라는 첫째 마음에서 이루어지는 평안과 둘째 주님께서 보내신 성령의 내주이다. 그러나 교회는 주님께서 직접 세우신 이 땅의 유일한 영적 기관이다. 이 기관이 더욱 더 발전하고 성장하는 것이 그리스도인에게는 매우 중요한 사명이 되어야 한다. 교회의 숫자의 증가를 위해서 불신자가 교회에 들어오는 사역이 계속되어야 한다. 또한 교회 안의 지체들은 힘써 거룩을 이루어야 한다. 두렵고 떨리는 마음으로 구원을 이루어야 한다(빌 2:12).

하나님 나라는 교회 밖에서 이루어지는 외형적인 나라가 아니다. 하나님 나라와 교회는 동일하지도 않다. 하나님 나라는 교회의 거룩한 지체들의 내면에 이루어진 하나님의 평안이다. 또한 거룩한 지체들이 죽은 뒤에 가게 될 실제적인 그리스도의 왕국이다. 교회를 떠나서는 절대로 백성의 심령에 하나님 나라가 이루어질 수 없다. 교회를 떠나서는 절대로 영원하신 하늘나라에 들어갈 수 없다.

이 교회를 확장하는 것은 성도에게 주어진 마땅한 임무요, 하늘나라에서 잔치가 이루어지는 전 우주적인 사건이다. 교회는 교회의 바로 섬과 확장을 위해서 끊임없는 믿음의 경주를 해야 하다. 교회 확립을 위해서 주께서 위임하신 말씀(복음 선포)과 성례를 준수함으로 교회는 끊임없이 확장을 이룰 수 있을 것이다.

칼빈의 교회 이해: 교회는 절대 분리될 수 없다

개인적으로 칼빈의 글을 읽을 때에 가슴이 무척 아프다. 원대로 되지 않은 현실과 자기의 무능력 그러나 하나님께서 명령하신 거룩과 교회의 거룩 등의 일치되지 않는 현실에 대한 처절한 자기 성찰을 진행하는 것으로 느꼈다. 그러한 대표적인 글로 기독교강요 4권 1장 10-16까지에서 교회의 표지를 말씀과 성례로 규정하면서, 절대로 교회가 나뉠 수 없음을 강조하는 부분이다. 교회를 나누는 것은 절대로 불가능하다는 것이 칼빈의 강력한 주장이다. 그렇다면 칼빈은 교회를 분리한 사람인가? 칼빈은 교회를 분리시키지 않았는가?

교회를 나누지 않는 것은 믿음의 통일성을 지키기 위한 방편이다(기독교강요 4권 1장 12절). 또한 비본질적인 문제로 인해서 교회가 나뉘는 것은 부당하다는 것이다. 혹 도덕, 윤리, 정치 등의 문제는 교회 분리의 요소가 되지 않는다(기독교강요 4권 1장 13절). 그러한 성경 근거로 알곡과 가라지, 그물 비유 등으로 제시한다. 즉 완전한 교회가 지상에 없다는 것이다. 칼빈은 부패된 교회가 교회 분리의 원인이 아니라고 했다. 칼빈은 교회에서 추방되었지 교회를 나눈 위인이 아니다. 칼빈이 교회에서 추방된 것은 교회의 머리가 교황이 아니라 예수이고, 고대 교회와 연속성을 주장했기 때문이다.

또한 그리스도인은 타인의 변화가 아닌 자기의 거룩을 지키는 것이며, 하나님께서는 죄악된 세상에 교회를 거룩하게 하신 것처럼, 교회 안에 비록 악인이 있다 할지라도 거룩한 백성을 보존하심을 믿기 때문이다.

이런 칼빈의 주장을 읽을 때 '그러면 왜 개혁교파로 나누었는가?'라는 질문을 하게 된다. 이러한 질문에서 한 가지 중요한 사실은 칼빈은 교회를 나오고 싶지 않았다는 것이다. 칼빈은 고대 교회를 표준을 삼았고, 고대 교회에서 벗어난 교황주의를 포기하고 원형으로의 회복을 주장했다. 그런데 당시에 많은 숫자와 지역을 차지한 로마 교회가 칼빈을 배제시킨 것이다. 칼빈은 로마 교회가 자체로 시행한 트렌트 공회의의 개회에 우려를 표현했고, 그 해독(害毒)이 미칠 영향도 우려했다. 칼빈은 로마 교회의 잘못을 지적하였지 분리를 주장하지는 않았다. 그런데 로마 교회는 칼빈의 지적에 대해서 해명을 하지 않았고,

지적한 잘못을 고치지도 않았다. 그리고 칼빈을 매도하는데 앞장섰다. 또한 다수의 우위를 점하는 세력으로 칼빈을 일방적으로 매도시켰다. 그러한 그릇된 칼빈에 대한 인상이 소위 칼빈의 후예로 개혁신학을 한다는 학자나 학생들에게 남아있다. 칼빈은 교회를 나뉘는 것을 거부했다. 칼빈은 바른 교회를 세우기 위해서 '교황의 권위'를 거부하고 '성경의 권위'로 대치시켰다. 칼빈은 역사적으로 고대 교회와 일치를 취하고 있다. 세계 교회에서 1세기 교회와 동일한 가치를 보수하고 전파하는 교회가 어디에 있는가?

둘째, 메이천이 교회를 분리할 때를 생각하게 한다. 메이천은 프린스턴에서 분리될 때에 '교회 순결성'의 문제로 분리했다. 이 때에도 먼저 생각해야 될 점은 메이천은 교회를 분리한 것은 아니다. 교회의 분리란? 나온 교회를 이단으로 정죄하는 것이다. 그러나 메이천은 신학교를 개교했고 상호 이단의 정죄를 하는 형국은 아니었다(참고로 로마 교회는 루터와 칼빈을 이단으로 정죄하며, 교제의 단절을 선언했다). 비록 신학의 내용을 다르지만 형식적인 규정은 하지 않았다. 그렇게 규정할 수도 없었다.

이단, 거짓 가르침에 대한 명확한 규정을 할 수 없는 현재 영분별 문제가 심각하게 발생하고 있다. 참과 진리가 매우 애매하며, 참된 권위의 주체도 없다. 결론은 메이천이 행한 교회 분열은 이단 논쟁은 아니었다.

메이천은 '교회의 순결'을 강조했다. 먼저 사역자가 교리의 수호를 고백하는 것을 의무화하는 규정이었다. 사역자는 표준문서를 바르게 시행하겠다는 서약을 해야 교단의 목사가 된다고 생각되는데, 관용주의는 그러한 행위를 억압적인 것으로 본 것이다. 교단의 표준문서에 서약하지 않고 자유롭게 한다면 교회의 통일성이 무시되는 것이 될 것이다. 한 교회를 이루지 못하는 것을 규정화시킨 것이다.

메이천은 신학교 강단에서 진화론과 자유주의 신학에 대한 관용을 허락하지 않았다. 20세기 중엽 진화론과 자유주의에 관용하던 풍토를 프린스턴 신학교가 수용했다. 프린스턴에 얼마 가지 않아 정통신학의 모습은 발견할 수 없게 되었다. 자유주의에 대한 관용은 곧 정통신학의 사멸을 의미한 것이다. 아무리 강조하고 강조해도 인간은 부패를 심각하게 진행한다. 인간의 수준을 향상하기 위해서 수 많은 긍정과 칭찬이 범람해도 부패와 절망은 깊어가고 있다.

메이천의 교회의 분리는 매우 어려운 결정이었다. 그 결정은 믿음의 순수성을 지키기 위해서 노력한 자기희생이었다. 실제 분리될 때 메이천을 따라온 교회도 매우 적은 숫자였다. 대형 교단에서 분리되는 일이 쉽지 않았을 것이다. 교회의 규모로 판단하는 것은 아니지만, 그렇기 때문에 영향력도 매우 적었다.

그런데 놀라운 것은 그 작은 웨스트민스터신학교가 미국에서는 영향력을 발휘하지 못하였는데, 한국에서는 절대적인 영향력을 발휘한 신학교가 되었다. 그것은 박형룡 박사의 역할과 지지로 박윤선 박사가 수학해서 한국 교회의 기틀이 되었다.

결론으로 칼빈은 교회가 분리될 수 없다는 확고한 믿음과 사역의 모습이 있다는 것이다. 주님의 몸인 거룩한 교회에 악인이 섞여 있는 것이 신비한 것이고, 또한 주님께서 교회에 악인이 있는 것이 허락되고 있다는 것이다(참고 사사기).

주의 몸된 교회에서 분리되는 것은 '교리가 다를 때'이다. 고대 교회에서는 정통과 이단으로 확연하게 구분했다. 고대 교회에서는 이단은 교회 밖으로 추방되었다. 실재적으로 영향력을 사라지지 않았지만 형식적으로 인물과 저술은 배제되었다. 그런데 종교개혁 이후로는 비록 이단으로 정죄되어도 영향력이 사라지지 않고 세력도 활발하게 활동하는 것이다. 1618년 돌트 회의에서 항론파는 정죄되었지만, 그 영향력은 세계적으로 활성화되어 있다.

현재 교회는 정통 신학, 알미니안, 자유주의, 현대신학 등이 혼재되어 있다. 한국 교회는 '개혁신학'과 '복음주의'를 구분하기도 한다. '복음주의'라는 거대 패러다임으로 정통신학과 알미니안을 인정하면서, 자유주의와 현대신학과 대화를 시도한다. '개혁주의'라는 패러다임으로 정통신학과 알미니안 등과 대화를 시도한다. 현재 교회에서 분리는 큰 의미가 없다. 오히려 거대 블랙홀인 WCC에 흡수될 것이다. WCC에 흡수되지 않은 것은 '바른 교리'를 확립하고 '거룩에 정진(精進)'하는 것 외에 없다.

개혁파 혹은 장로교 정치 제도의 원리

1) 그리스도는 교회의 머리이며 모든 교회의 권위의 원천이다. 로

마 교회는 교회의 수위권을 그리스도의 대리자(pontifex maximus)로 규정한 교황에게 둔다. 교황이 그리스도의 대리자라고 하지만, 그리스도보다 더 큰 권세를 휘두른다. 산 자와 죽은 자의 사면권도 교황권 아래 있다.

이런 중세 로마 교회의 가르침에 대해서 종교개혁자들이 반대했다. 그리스도만이 교회의 유일한 머리이기 때문이다. 성도는 그리스도와 연합된 상태이고 성령으로(cum verbo) 십자가를 기꺼이 진다. 교황이 그리스도의 대리자로서 교회의 머리가 되는 것을 인정하지 않았다. 또한 국가 수위권도 거부했다. 칼빈은 신교로 전환한 제네바에서 시의회가 교회를 통제하려는 의도에 대해서 불복하고, 교회의 영적인 권위를 강력하게 주장했다. 교회는 영적 질서를 관장하는 유일한 기관이기 때문이다. 교회의 머리는 그리스도이기 때문에, 교회에서 유일한 통치자는 오직 그리스도뿐이다. 또한 교회는 그리스도께서 만유의 통치자라는 것을 믿는데, 만유 통치 방식은 일반 방식으로 운영하는 것으로 간주한다.

무형 교회의 통치자가 그리스도이며, 유형 교회의 통치자도 그리스도이시다. 유형 교회에서 그리스도의 수위권을 찬탈하려거나 훼방하는 자는 그리스도를 반역하는 행위이다. 가시적 교회에서 그리스도의 통치의 실현하는 방법으로 개혁파 교회는 복음 선포와 성례 준수로 세웠다.

성경에서는 그리스도께서 만물의 머리이시며, 우주의 창조자이심을 선포한다. 그러므로 교회는 영적인 기관으로서 거룩함과 함께 일반 영역에서도 그리스도의 통치 영역의 수립을 위해서 활발한 활동을 해야 한다. 마니교는 세계에서 하나님이 유일한 통치자인 것을 부인했다. 선한 신과 대립한 악한 신(사단)이 있는 것으로 설정했다. 마니교적인 오해는 교회에서 부패와 고난이 있을 때 사탄의 역사를 강조하면서 하나님과 대립된 대상으로 이해할 우려가 발생한다. 그리스도의 통치권에 대해서 암묵적으로 부인하는 것이다. 그리스도의 통치는 창조 전체를 통치하시는 하나님이시고, 교회를 복음 선포로 이룬다.

교회에 표지(말씀 선포와 성례의 집행)로 말미암아 교회는 교회가 된다. 교회의 권위는 오직 그리스도께서 인정하심에 의해서 존재의 가치를 갖는다. 설교도 복음을 선포해야 하고, 직분자들도 직분을 주시는 이가 그리스도이심을 믿어야 한다(소명). 그리스도께서 복음을 설교자의 입에 두셨고, 교회에 직분을 세워 기름을 부어(안수) 교회를 섬기게 했다.

2) 그리스도는 말씀이라는 방편을 통하여 권위를 행사한다. 그리스도의 통치는 세상의 방식, 육의 방식과 다르다. 그러므로 교회는 혈과 육의 힘으로 운영되지 않는다. 교회의 통지자인 그리스도께서 교회를 주관적으로 교회 안에서 역사하시는 성령을 통해서, 객관적으로는 권위의 표준인 하나님의 말씀, 성경을 통해서 다스린다. 교회의 지체는 교회의 머리이신 주 예수께서 세운 사역자의 선포(목사의 설교)을 분별하며 복음에 순종하여야 한다. 이것은 곧 교회의 설립자에 대한 순종이다.

개혁된 교회는 목사의 설교를 분별하고 성도를 보호(심방)할 장로를 두었다. 장로의 고유 직무는 목사와 함께 성도를 치리하는 사역에 동참해서 동역하는 것이다. 개혁파는 고해성사 방을 교회에서 제거하고, 심방 형태로 영혼돌봄 체계를 개혁했다. 그런데 교회에 위급함이 발생했을 때, 즉 복음 선포가 없을 때, 성도를 돌볼 수 있는 영적 분별력과 능력이 장로에게 있어야 한다. 교회에 그리스도와 관계없는 통치권은 없다. 그래서 교회가 복음 기관으로 안정적으로 유지할 수 있도록 정치 질서를 확립했다.

로마 교회는 교황이 그리스도의 대리자라고 주장하면서, 정작 그리스도의 말씀에 대한 순종은 없다. 자신들의 유익을 위해서 고안한 가르침을 교회의 전통이란 체계로 전수했다. 이러한 단편적인 가르침은 마리아 무죄 잉태설(무염시태無染始胎,Immaculata conceptio), 교황무오설(敎皇無謬說, Papal Infallibility), 연옥설 등 외에도 다수가 있다. 개혁된 교회에서 외적으로 유일한 권위는 '성경'에 있다.

아무리 합당한 교회의 직분을 가졌다 할지라도, 그리스도의 말씀에 위배된 가르침이나 행동을 한다면 교회 안에서 정당성을 상실한다. 교회의 직원들은 오직 그리스도의 도구로서 독립해서 스스로 방안을 만들고 운영하는 위치가 아니다. 직분은 그리스도의 부름으로 세워졌고, 그리스도의 말씀 안에서 교회를 섬긴다. 개혁파 교회는 로마 교회의 사제 역할을 개혁하여, 말씀 전하는 일과 성례를 집행하는 일에 전무하도록 했다. 그리고 성도의 영혼돌봄은 장로를 파송해서 목사와 함께 치리하도록 했다. 그리고 집사도 평신도에서 선출해서 봉사(구제)의 직무를 감당하게 했다. 개혁된 교회에서 장로와 집사는 평신도 진영에서 투표로 선출한다.

3) 만유의 왕인 그리스도께서 교회에 권세를 주셨다. 교회의 권세는 천국의 문을 열고 닫음의 권세이다(마 16:18-19). 권세는 복음을 전하는 자의 입에 두었다. 교회의 권세는 주 예수가 교회에 부여했고, 지금도 주의 권세가 유효하다. 그런데 회중교회주의에서는 교회 자체에 있는 것으로 생각한다.

교회의 권위가 교황에게 있다는 교황주의자와 회중에게 있다는 회중주의자의 두 극단적인 견해에 장로교와 개혁파는 마치 중간인 것처럼 보인다. 즉 두 극단의 견해를 모두 부인하거나 모두 취합해서 중간적 타협점으로 질서를 세울 수 없다. 교회 질서는 오직 성경에 입각하여 복음의 증진과 교회의 덕을 세울 것을 목적으로 한다.

평신도와 구별된 교회 직원이 교회 안에 있다는 것은 로마 교회와 성공회와 유사하게 장로교 학자인 사무엘 러더포드가 주장했다(장로교 정치원리가 성직자의 연합체에 있음). 그런데 토마스 카트라이트에서 교회 계급 구조에 대한 강력하게 저항했다. 현재 장로 교회는 성직자와 평신도를 구별하는 두 교회를 주장하지 않는다. 장로교 정치원리는 공동의회, 제직회, 당회 중심이다. 로마 교회는 성직자와 평신도를 구분하고, 또 평신도에서 영세와 견신례로 구분하는 구조이다.

칼빈의 글을 읽을 때에 제유법(提喩法)적인 요소가 자주 등장한다. 문장의 본래 의도를 이해하기 위한 수준 높은 의미 이해를 위한 문법이다. 벌코프(L. Berkhof)는 "모든 교회의 권세는 일차적으로(actu primo) 곧 근본적으로 교회 그 자체 안에 있다. 그러나 이차적으로 (actu secundo) 곧 그 실행에서는 특별히 부르심을 받은 자들 안에 있다"고 제시했다. 이 견해는 부티우스, 질레스피, 베너만, 포르테우스, 바빙크, 보스의 견해라고 했다. 이 가르침을 현재 교회에 적용하자면, 교회의 최종 권위는 공동의회에서 결정하며, 그 결정을 집행하는 사역자의 권위가 된다. 교회는 선한 믿음의 각축장으로(마 11:12), 선한 믿음으로 선한 경쟁을 힘있게 할 때 선한 교회 지도자가 생명력 있게 사역할 수 있다.

4) 그리스도는 교회를 세워 그리스도의 권세가 특별히 행사되도록 정하셨다. 그리스도께서 교회에 권세를 주셨고 교회의 유익을 위해서 은사도 주셨다. 교회는 은사를 따라서 직분을 세우며, 그리스도의 명령을 행하기 위해서 사역들을 배분한다. 교회 직분은 주와 성도를 섬기는 직분인데, 섬기는 내용과 방법은 은사에 따라서 다르다. 다스림이 은사인 경우에는 잘 다스리는 것이 은사 활용을 잘 하는 것이고, 구제가 은사인 경우는 잘 섬기는 것이고, 재화 관리를 잘 하면 교회 재정을 관리하는 역할을 한다. 교회에서는 높고 낮은 직분이 없다. 목사를 계급으로 생각하는 것은 장로교 원리를 전혀 알지 못하는 것이다. 모두가 목사일 수 없고, 모두가 장로일 수 없고, 모두가 집사일 수 없다. 선생에게는 더 막중한 책임이 따르기 때문에 주의를 기울여야 한다(약 3:1-2).

장로교와 개혁 교회는 교회 직원을 선출할 때 투표를 통해서 진행한다. 투표로 선출하기 때문에 직분자의 권세가 교인들로부터 나온 것이 아니다. 소명은 우선은 내적 소명에 있으며, 성도들에서 선출됨은 외적 소명의 일부이다. 선출된 직원은 그 맡은 직분으로 교회에 그리스도의 영광이 나타나도록 사역을 해야 한다. 그럼에도 행정적인 절차는 외형에 의해서 진행한다. 즉 선출 직분에 대한 불신임이 가능하다고 해야 한다. 헌법에 불신임에 대한 내용이 없지만 회원이 지도부에 대한 불신임의 기능은 활용되고 있다(연판장). 목사에 대한 불신임뿐만 아니라 각 직분에 대한 불신임이 가능하도록 해야 한다. 재신임에 대한 표결은 좋은 방법이 아니다. 교회는 상호신뢰는 기본으로 하기 때문이다. 재신임은 상호불신 혹은 견제를 내포하고 있기 때문에 교회 원리에 부합되지 않는다.

한국 교회는 항존직을 자기 사역의 항존성으로 오해했다. 목사도 목사직을 마치면 목사로 불리는 것에 주의를 해야 한다. 목사는 사역할 때 목사이고, 목사직을 그만두면 평신도로 설교를 듣는 위치가 되어야 한다. 장로와 집사도 한 번 임직되면 평생 유지되는 것이 아니라, 직분을 행할 때에만 직분 명칭을 사용해야 한다. 직분은 계급이 아니고 자기 인격의 표시도 아니다. 자기 사역의 표시이다. 사역이 중지되면 직분 호칭도 중지되어야 한다. 한국의 정적문화에서 발생하는 맹점이다.

5) 장로 교회 영적 권세는 근본 지교회의 당회에 있다. 장로 교회나 개혁파 교회의 교회 기본 원리는 교회의 권세가 노회나 총회에 있는 것이 아니고, 지교회의 당회에 있다. 장로파와 개혁파가 질서에 약간의 차이가 있다. 개혁파는 장로파의 노회가 당회의 역할을 한다. 동일하게 당회 권위가 독특하지만, 장로파는 매우 개별적으로 권위를 인정한다. 즉 개혁 교회 정치원리에서는 목사와 장로의 자치권을 존중하고 보장한다.

그리고 당회에서 노회, 대회, 총회로 옮겨간다. 그러나 교회의 정체성은 동일한 신앙고백이며, 연합체에 대한 권리와 의무를 갖는다. 노회는 지교회의 자치권에 대해서 통제(시찰)와 제한을 가할 수 있지만, 지교회의 성장과 안녕을 도모하고, 교회 회원들의 권리를 보장하고 교회의 통일성을 유지하는데 근본 목적을 갖는다. 한국 장로 교회 총회는 장로교 법 원리로 운영하지 않고 있다. 총회는 상설 기관이 아니고, 총회 기간만 존재하는 비상설 기구이다. 총회가 상설로 운영하기 때문에 교권을 형성하여 교회가 심각하게 세속화되고 있다. 어떤 교단은 전문적 총회장 제도를 염두하기도 한다. 총회장을 전문직으로 수행하면 감독 역할로 퇴보하는 것이다. 총회 회기 총회장으로 바르게 법을 적용하고, 대회제를 시행해서 교회가 더 참여하고 유익을 얻도록 해야 한다.

6) 장로교 헌법 제일 원리는 '양심의 자유'이다. 양심의 자유는 신앙의 자유이다. 바른 믿음이 교회의 제일 원리이다. 교회는 바른 믿음으로 운영할 수 있는 영적 능력과 경제적 능력을 가져야 한다. 바른 믿음에 저해되는 어떤 행동에 대해서 수정을 요구할 때 거부하거나 타협할 수 없다. 그럼에도 저항이 있을 때에, 성도는 자기 신앙 양심을 지킬 자결권(自決權)을 보장한다. 성도는 양심의 자유를 갖고 자결권을 청구하는데, 삼심제로 노회와 총회까지 갈 수 있다. 장로교 체계가 얼마나 체계적으로 성도의 양심을 보호하는지를 알 수 있다. 또한 장로교 성도는 자기 의견을 행정 양식으로 질문할 수 있는 소양까지 길러야 한다. 제도화된 법제도를 활용할 수 있는 소양을 목사가 훈련시켜야 한다.

종말

윤리적 종말론과 종말론

르네상스 이후에 유럽은 교회의 절대 권위를 거부하고 절대이성 (ratio pura)으로 진리를 탐구했다. 이러한 계몽주의의 영향이 기독교 진영에서 슐라이어마허가 「종교론」에서 변호라는 명분 아래 기독교 신학을 이성으로 합리화하려고 했다. 자유주의가 유럽 교회에 유입되어 약 100년 동안 주류 신학을 이루었다. 유럽 교회에 있는 신교와 구교 두 진영은 계몽주의의 아류인 자유주의 사조를 자랑스럽게 여겼다. 그런데 이성으로 기독교를 합리화하려는 자유주의는 실패했다. 실패의 탈출구를 찾지 못했지만 세계대전으로 실존주의 철학 아래에서 현대신학이 발생했다. 20세기 현대신학은 정통 신학 용어에 자유주의의 개념을 넣어서 신학을 재구성했다.

현재 신학에서 사용되는 용어는 여러 개념들이 혼합되어 사용하고 있다. 그러므로 신학도는 먼저 그러한 혼합에서 분리를 하여 이해한 뒤, 혼합 혹은 재혼합을 결정할 수 있어야 한다. 이러한 개념이 심각한 분야가 '종말론'이다.[21]

전통에서 다룬 종말론과 현대에 논의하는 종말론은 전혀 다르다. 전통적 종말론에서는 '영생불멸', '영생의 상태', '천년기' 등이 주요 과제였다. 그러나 현재 종말론에서는 과거의 종말론 과제는 전혀 다루지 않고 '윤리와 현재인의 심리 상태'에 중점을 둔다. 우리는 현재인이기 때문에 '종말'하면 현재 주류인 종말론 개념을 먼저 이해해야 한다. 그래서 자신이 종말론을 전개할 때에 전통적인 종말론인지, 현대적 종말론인지에 대한 명확한 이해와 제시를 할 수 있어야 한다. 현재는 신학계에서 주류 '종말론적 신앙'이란 '하나님 나라에 합당한 윤리적인 삶'이다. 죽음 뒤에 있을 하나님 나라나 영생에 대한 논의는 전혀 없다.

---

21) (참고) 브리태니카 백과사전, "eschatology"에서는 갱신된 종말론으로 종말개념이 정의되었다. 바이스와 슈바이처에서 시작되어, 발트와 불트만에 의해서 학술적 원리가 형성된 것으로 제시했다. 그리고 최종적으로 희망 신학으로 종말론이 완성된 것으로 보았다. http://www.britannica.com/EBchecked/topic/192308/eschatology/247668/Renewed-interest-in-eschatology

현대 종말론은 '하나님 나라'와 관계가 있다. 리츌(Albrecht Ritschl, 1822-1889)에 의해서 기독교에서 진행된 종교적 경험이나 완전한 윤리의 나라인 '하나님 나라'[22]가 이루어지는 형태가 '종말론'이다. 리츌은 역사에서 하나님 나라가 완전히 실현되는 윤리적 공동체를 목표하는 종말론을 펼쳤다.

현대적 종말론의 본격적인 시작을 선언한 학자는 슈바이처(Albert Schweitzer, 1875-1965)이다. 슈바이처가 제시한 종말론은 '철저한 종말론(Consistent Eschatology, (독)die Konsequente Eschatologie)'이다. 슈바이처는 예수가 하나님 나라의 운동가로서 미래에 곧 도래할 나라로 선포했다는 것이다. 그런데 예수가 하나님 나라의 도래의 시기를 오해한 헛된 환상(a noble delusion)이 깨지자 죽음을 선택했다는 것이다. 결국 예수는 죽음을 선택하면서 하나님 나라 도래를 연기했다. 슈바이처에 의하면 예수는 하나님 나라의 운동을 시작했지만 실

---

22)   바이스(Johannes Weiss, 1863-1914)는 리츌의 하나님 나라의 윤리적인 개념이 예수의 사상과는 다르다고 비판했다. 바이스는 양식 비평적인 관점에서 예수가 나라를 미래적이고 종말론적으로 종교적이라는 것이다. 바이스는 철저한 종말론(Consistent Eschatology)을 사용하지 않았다. 리츌의 하나님 나라 사상은 미국의 라우셴부쉬(Walter Rauschenbusch, 1861-1918)를 중심으로 한 사회복음주의(Social Gospel)로 진행되었다. 미국의 사회적 위기 속에서 그리스도인이 된다는 것(하나님의 나라가 임하게 한다는 것)은 구조의 변혁을 위하여 일하는 것이라 했다.

패한 것이다. 그런데 제자들이 예수가 주장한 하나님 나라 운동을 하지 않고, 예수를 중심으로 한 교회 운동을 하여 연속성을 이루지 못했다. 예수가 이루려는 하나님 나라는 사랑으로 원수까지 포용되는 완전한 공동체이다. 이러한 견해는 리츨의 하나님 나라의 견해를 계속하고 있는 것이다.

슈바이처의 철저한 종말론을 비판하면서 종말론에 대한 새로운 방향을 제시한 사람이 찰스 다드(Charles Harold Dodd, 1884-1973)이다. 그는 슈바이처의 하나님 나라의 개념은 유사하지만, 하나님 나라가 미래가 아닌 현재적인 것이라는 것이다. 그는 예수의 초림과 함께 하나님 나라가 실현되었다는 '실현된 종말론(realized eschatology)'을 주장했다. 다드에게 원시 기독교에서 이미 하나님 나라가 실현되었다. 하나님 나라를 미래로 본 것은 유대 묵시 문학과 연관하여 신학 한 것으로 주장했다. 다드의 견해를 따르면 예수의 제자들이 하나님 나라가 아닌 교회를 주장하여 예수와 제자의 연속성에 문제가 있게 된다.

실현된 종말론을 강조하는 또 다른 접근방법을 루돌프 불트만(Rudolf Bultmann, 18841976)이 제시했다. 불트만은 예수의 복음을 현대인에게 전달되는 방법을 위해 비신화화(demythologization)를 제시했다. 성경에서 신화적 요소를 제거하여 예수가 의도한 근원적인 의미를 탐구했다. 현재 이루어진 하나님 나라가 강조되었다.

또한 불트만의 제자인 콘첼만은 누가복음과 사도행전을 근거로 '지연된 종말론(already - but not yet)'을 제시했다. '지연된 종말론'은 다드와 불트만의 '실현된 종말론'과 바이스와 슈바이처의 '철저한 종말론'의 종합으로 볼 수 있다. 콘첼만은 예수가 시간의 시작이나 끝이 아닌 '시간의 중간(middle of time)'에 왔다고 이해하는 개념이다.

유대인 마르크스주의 철학자 블로흐(Ernst Bloch, 1885-1977)가 저술한 「희망의 원리」를 신학에 도입한 몰트만(Jürgen Moltmann)이 「희망의 신학」(Theology of Hope)을 저술했다. 몰트만은 블로흐의 희망으로 기독교로 언어로 변환하여 제시했다. 몰트만의 신학은 정치신학으로 현재의 정치적인 문제까지 기독교가 적극적으로 개입하여 해결하는 것을 하나님 나라 운동으로 제시했다. 하나님 나라 운동은 윤리 운동에서 사회 운동 그리고 정치 운동까지 세속으로 들어가고 있다.

'종말(終末, eschatology)'은 예수의 성육신에서 시작했다. 십자가, 오순절 성령 강림 등은 종말론적 사건이다. 마지막 종말은 '예수 재림'만 남겨두고 있다. 하나님의 성육신을 믿는 종말론과 인간 예수를 근거한 종말론으로 분별해야 한다. 전자는 다시 오실 주 예수를 기다리고, 후자는 이 땅에 세워질 하나님 나라와 마지막이라는 추상적인 날을 희망으로 설정하기만 했다.

우리는 종말론 시대에 살고 있다고 생각하는가? 그 종말론은 곧 하나님 나라 운동의 시대이다. 정통 기독교는 출생과 죽음 뒤에 있는 심판주를 기다리는 종말과 마라나타(Manaratha)의 종말을 기다린다. 현재 여러 신학 서적에서 말하는 종말론에서 하나님 나라 운동으로 죽음 뒤에 올 내세나 지구의 종말을 의미하는 종말을 의미하지 않는다. 죽음 뒤가 없는 현세에 관한 종말론과 죽음 뒤에 있을 내세를 전개하는 종말론을 분별해야 한다. 현재를 어떻게 이해하고 살 것인가를 고민하는 종말론, 하나님 나라 운동과 사후 영생을 고백하는 종말론을 분별해야 한다.

현재가 중요하지만 현재에 대한 사안은 인간 이해와 구원 이해에서 충분히 논한다. 그런데 종말이란 용어를 사용하여 현대 신학이 종말론 토론의 각축장이 되었지만 현세에 집착하는 결과를 낳았다. 죽음 뒤에 내세가 있음을 밝히는 복음을 들어야 한다. 사람이 한 번 죽는 것은 정하신 일이요, 그 후에는 심판이 있다(히 9:27).

"예수는 하나님 나라를 선포했다." / "예수는 하나님 나라 도래를 선포했다."

위 명제(命題) 문장(文章)은 현대 신학의 종말론을 도래시킨 문장이다. 예수가 하나님 나라를 선포했는지 성경 본문으로는 알 수 없다. 또 예수가 어떤 성격의 하나님 나라를 선포했는지 알 수 없다. 또 신학자마다 하나님 나라에 대한 성격을 제시하고 있어 혼란도 있다. 단순하게 '통치'라는 추상적인 개념으로 하나님 나라를 생각하는 것을 버려야 한다. 통치의 성격이 다양하기 때문이다.

아래는 하나님 나라를 선포했다고 볼 수 있는 성경본문이다.

이 때부터 예수께서 비로소 전파하여 이르시되, 회개하라 천국
이 가까이 왔느니라 _마 4:17
요한이 잡힌 후 예수께서 갈릴리에 오셔서 하나님의 복음을 전
파하여 이르시되, 때가 찼고 하나님의 나라가 가까이 왔으니 회
개하고 복음을 믿으라 하시더라. _막 1:14-15
예수께서 성령의 능력으로 회당에서 가르치기를 시작했고 뭇
사람에게 칭송을 받음. _눅 4:14-16

성경 본문에 의하면 예수는 "천국이 가까이 왔다"고 전했다. "하
나님의 복음을 전파했다. 때가 찼고 하나님 나라가 가까이 왔다", "회
당에서 성령의 능력으로 가르쳤다." "'천국'과 '하나님의 복음'을 '회당'
에서 '성령의 능력'으로 전했다"가 세 복음서의 내용을 집합시킨 것이
다. 예수는 '하나님의 나라'를 전파한 것이 아니라, '하나님의 복음'을
전했다. 가까이 온 천국, 하나님의 나라를 증거했다. 성경 본문들이

일치된 문장은 없다. 그러나 공통점은 천국, 하나님의 복음 앞에 '회개'를 촉구한 것이다. 그렇다면 하나님 나라에 대해서 통치를 강조할 것이 아니라, 그 앞에서 행해질 회개가 강조되어야 성경적이고 순리적일 것이다. 즉 '회개 없는 하나님의 통치는 없다'고 규범화할 수 있다.

세례 요한의 선포

회개하라 천국이 가까이 왔느니라 _마 3:3

세례 요한이 광야에 이르러 죄 사함을 받게 하는 회개의 세례를 전파하니 _막 1:4

요한이 요단 강 부근 각처에 와서 죄 사함을 받게 하는 회개의 세례를 전파하니 _눅 3:3

1. 세례 요한과 예수의 연속성의 문제

예수는 세례 요한을 가장 큰 자 이지만 가장 작은 자라고 말씀했다(마 11:11). 예수가 세례 요한의 성격을 규정하는 자로서 연속이라고 할 수 없다.

세례 요한은 구약 성경과 예수 그리스도의 연결 역할, '엘리야'이다
(말 4:5). 세례 요한은 연결자이고, 예수는 구약의 성취자이다. 예수를
세례 요한의 제자라고 생각하는 것은 부당하다.

세례 요한은 요단 지역에서 사역했고, 예수는 나사렛 지역에서 거
주했다. 요한은 제사장 계열의 사역자였고, 예수는 요셉을 따라 목수
(텍톤)였다.

2. 세례 요한은 누구인가? 세례 요한은 에세네파가 아니다.

에더스하임은 세례 요한이 에세네파(Essenes)가 아니라고 제시했
다.[23] 에세네파는 유대인이었지만 분리주의자였고, 교리, 예배, 실행
에서 유대교 집단 외부의 파당으로 고작 4,000여명에 불과했다. 에세
네파에 대해서는 신약성경에는 등장하지 않고, 랍비 문헌에서 매우
간헐적으로 언급된다. 이러한 이유는 에세네파가 엄중한 비밀을 교
리로 삼는 특징으로 볼 수 있다.[24]

---

23) 알프레드 에더스하임, 「메시야. 2」, 황영철, 김태곤 역(서울: 생명의말씀사, 2013),
pp. 107-120.
24) 알프레드 에더스하임, 「메시야. 2」, p. 107.

그리고 세례 요한이 베푼 세례는 에세네파와 전혀 무관하다[25]. 이 것은 에더스하임은 라이트풋의 골로새서 주석(Commentary on the Colossians)에 첨가된 세 번째 논문에서 잘 드러나있다고 했다. 그러 나 에세네파와 기독교와 연관하는 논문이 있는데, 스미스와 웨이스이 다. 프랭클과 가츠도 같은 노선을 따른다. 그러나 예수의 가르침, 기 독교의 가르침은 에세네파의 가르침과 정반대 방향에 있다. 예수는 분리주의를 가르친 적이 없기 때문이다.

에세네파의 기원과 발전에 대한 자료는 거의 없다. 에세네파는 세 속과 엄격히 분리되어 공동체 생활을 했다. 공동의 옷, 공동노동, 공 동기도, 공동식사, 구제의 일을 했다. 결혼을 반대했고, 입양을 통해 서 유지하려 했다. 성인의 가입은 3년의 훈련을 거쳤으며, 완전한 비 밀을 유지시켰다. 이러한 비밀의식에는 천사를 숭배하는 것이 있었 다. 육신의 치료와 영혼의 치료를 위해서 천사 세계와 교류를 추구했 다. 에녹서와 요벨서에는 천사론이 발달되어 있다. 육체와 물질을 무 시하는 견해나, 천사의 치료 기능 등은 기독교와 전혀 무관한 것들이 다[26]. 그래서 에세네파의 기원을 신파타코라스주의에서 찾은 것과 페

---

25) 알프레드 에더스하임, 「메시야. 2」, p. 108.
26) 알프레드 에더스하임, 「메시야. 2」 p. 116.

르시아에서 찾는 것으로 둔다. 유대교의 천사론은 갈대아와 페르시아에 기원을 두고 있다[27].

에세네파의 가르침은 어떤 요소는 회당으로 유입되었고(천사론, 마술 등과 관련), 오늘날 카발라(Kabbalah)로 알려진 신비주의적 방향에 크게 기여했다. 그러나 전체적인 움직임은 유대교의 경계를 넘어 영지주의 이단의 형태 속에 나타났다(p. 119). 에세네파에서는 아침 기도 중에 솟는 해를 향하는 방식이 있었다.

에세네파는 세례 요한의 설교에 매력을 느끼지 않았다(p. 121). 에더스하임의 에세네파에 대한 글을 읽을 때 중점은 세례 요한과 예수 그리고 에세네파는 전혀 무관하다. 에세네파와 연관성을 가지려면 바룩서 등 천사론과 관련된 부분이다. 즉 외경을 정경으로 취한다면 에세네파와 연관의 가능성이 있다. 그러나 말라기와 마태복음 사이에 정경이 없다고 믿는다면 에세네파와 연관성은 전혀 없다. 또한 예수님 당대에도 에세네파에 대한 지식은 많이 없었다. 그러나 에세네파의 가르침은 영지주의와 신비주의로 유입되었다.[28]

---

27) 알프레드 에더스하임, 「메시야. 2」 p. 117.
28) (참고) 인터넷사이트 http://cafe.daum.net/homoousion/NnqC/50 고경태 목사의 개혁신학연구소 카페.

3. 예수가 하나님 나라를 도래시켰다.

예수가 하나님 나라를 꿈꿨지만 실패했다.

예수가 하나님 나라의 이상향을 제시했다.

예수는 그냥 십자가에서 죽었는데, 제자들이 하나님 나라로 신학화했다.

유대교에 하나님 나라 도래 사상이 있었다.

유대교의 한 분파에 하나님의 의를 추구하는 경건한 자들이 있었다.

유대교의 대부분은 하나님의 언약에 신실한 사람들이었다.

위의 문장은 모두 '하나님 나라'와 관련된 문장이다.

4. 지금 주장하는 하나님 나라에서 예수는 '하나님에게 신실한 예수'이다. 혹은 '아버지 앞에 바로 선 인간으로 예수'이다. 그 다음은 예수의 삶을 본 받아 신실한 하나님의 백성이 되는 것이다. 이것이 종말론적 신앙이다. 개혁 신학에서 하나님 나라는 신자 내면에서 이루어지는 영적 영역이다. 그리고 이 땅이 아닌 영원한 나라이다.

5. 예수교는 '예수를 믿는 종교'이다. 예수는 삶의 모범이 아니라 믿음의 대상이다. 성경의 일차 목표는 예수를 '따르도록'하는 것이 아니라 '믿도록'하는 것이다(요 5:39, 요 21:25).

하나님 나라의 다양한 이해에 따라서 다양한 예수 초상이 발생했다. 예수의 다양한 이해는 현재 삶을 어떻게 살아야 할지를 규정하지 못하는 혼돈을 양산하고 있다. 세계에 4대 성인을 중요 지표로 삼았는데, 한 위인에 대해서도 다양한 해석 혹은 초상(肖像)이 있기 때문에 혼돈이 양산되고 있다.

과거에 예수를 믿음과 천국과 지옥일 때는 사회가 단순하여 도덕과 윤리도 명료했다. 그런데 천국과 지옥, 예수의 성육신(동정녀 탄생), 십자가의 대속과 부활을 거부하며 재해석했다. 이것을 신학적인 진보라고 생각하는데 교회와 사회에서 혼란은 증폭하고 있고 서유럽, 미국, 한국 교회들이 쇠락 감소하고 있다.

기독교의 부흥은 종교개혁으로 일어났다. 종교개혁은 기독교의 바른 교리를 회복하는 운동이다. 바른 교리를 가르치면 기독교는 부흥한다. 그런데 교리에서 벗어나자 중세 세계는 1,000년의 어둠이었고, 교리를 거부하고 파괴한 19~20세기에는 세계 대전쟁과 무질서가 증폭되고 있다.

'예수'를 '선생'으로 '친구'로 성경은 제시한다. 그런데 우리를 가르치는 실제 역할은 내주하신 '성령'께서 하신다. '친구'는 '친구'이지 예수의 위치가 '인간'의 위치로 전락하는 것은 아니다. 높으신 주께서 낮은 우리에게 친구라고 '친근(親近)을 표현'하는 것이지 위치의 변화는 없다. 그러나 성경의 대부분에서는 '예수 믿음'을 촉구한다. 복음서도 '예수 믿음'으로 읽어야 한다. 사도들이 '예수 믿음'을 강조했다고 모두가 인정한다. 자유주의자들이 사도가 예수 믿음으로 신학화한 것으로 판단하고 거부했다. 그리고 '예수 믿음'에서 '예수가 전한 하나님 나라 복음'으로 전환시킨 것이다.

'원시 기독교'라는 표현과 연결한다. 원시 기독교는 기독교가 헬라화 되었다는 자유주의 주장에서 시작했다. 원시 기독교는 예수의 죽음을 종말론적 죽음으로 설명한다. 예수의 죽음에서 종말이 시작해서 이 세상 마지막 날까지 하나님의 공의를 이 땅 위에 실현하는 것을 목표로 한다. 그리고 마지막 날 재림을 말하고 심판도 말하지만 그 뒤에 어떤 상태인지에 대해서는 말하지 않는다. 이것은 구원론에서 보편 속죄, 제한 속죄 개념이 없는 것이다. 미국 롭 벨(Rob Bell)이란 목사는 2011년 사랑이 이긴다(Love wins)라는 책에서 지옥이 없다고 주장했다. 그는 크리스천'(Christian)이란 용어도 사용하지 않았고 동성 결혼도 인정한다. 원시 기독교를 주장하는 사람들의 모습이고, 종말론을 주장하는 사람들의 모습이다. 마지막 재림을 믿는다고 해도 그 뒤에 일어날 상황에 대해서 제시하지 않는 종말론이 지금 유행하는 종말 개념이다.

'하나님 나라의 도래'로 종말은 결국 예수의 사역과 인격이 정통 신학과 전혀 다름을 제시했다. 그래서 결국 이 땅의 종말, 재림에 대한 견해도 다르고, 영원한 상태에 대해서도 전혀 다름을 제시했다. '하나님 나라'라는 용어를 사용할 때 주류 '하나님 나라'라는 개념을 이해하지 않고 반복한다면 결국 그 의견에 동조하는 것이다. 그래서 자기가 '하나님 나라'라는 개념을 사용할 때 자기 개념을 반드시 밝혀야 한다.

한국 장로교 교인으로서 사는 것

　　나는 '장로교인'가? '개혁파'인가? '청교도주의'인가? 우리는 퓨리탄 (Puritan), 개혁주의(Reformed) [29]라고 주장하여도 장로교 교인이라고 말하는 장로교인은 많이 보지 않았다. 미국을 여행할 때 한 크리스천은 자신을 크리스천이라고 말하지 않고, '뱁티스트'라고 했다. 우리나라에서는 침례교 교인이 자신을 '침례교인'이라고 말하는 사람은 많지 않을 것이고, '교회에 다닌다'라고 할 것이다. 이것은 장로교, 감리교 거의 모든 그리스도인에게 해당된다. 나는 장로교 교회를 다녔고, 장로교 신학교인 총신대학교 신학대학원에서 공부했고, 장로교 노회에서 목사 안수를 받았다.

　　나는 장로교 노회에서 목사 임직을 받은 장로교의 목사이다. 그렇다면 나는 장로교인가? 개혁주의인가? 분명 '장로교 목사'라고 대답해

---

29)　에크레시아 셈페르 레포르만다! (Ecclesia semper reformanda!) '교회는 항상 쇄신되어져야 한다!'... 고대 교회로부터 전해 내려온 이 라틴 격언은 가톨릭교회든 개신교회든 쇄신을 바라는 사람들이 즐겨 사용하는 표현이다. 또한 마르틴 루터가 종교개혁 당시 자신의 모토로 삼으면서 더욱 유명해진 표현이기도 하다. - 김홍락 신부(프란치스코, 필리핀 나보타스 빈민사목) - 카톨릭뉴스 지금여기, 2012년 1월 31일자 신학칼럼에서,,, -) 필자가 하고 싶은 말은 Ecclesia semper reformanda는 개혁파의 전유적인 문장이 아니다. (2013년 2월 17일 주일에 예배 후,,, 책상머리에서)

야 할 것이다.

그런데 왜 나는 개혁신학, 개혁주의를 좋아하는가? 한국 교회가 '개혁신학'과 '개혁파'를 분별하지 않고 사용하기 때문이다. 전자는 칼빈 신학에 근거한 개혁된 신학의 내용의 총체라고 할 수 있지만, 후자는 네덜란드 교회의 신학으로 제시할 수 있다. 한국 장로교 교회의 신학은 박형룡 박사, 이종성, 김재준, 한상동으로 크게 세울 수 있다. 이종성은 일본에서 공부했고(통합), 김재준은 미국에서 공부했고(기장), 한상동 목사는 출옥성도로 고신 교단을 이끌었다. 박형룡 박사는 미국에서 공부했는데, 특이하게 네덜란드 개혁파 신학자인 루이스 벌코프의 신학을 한국 교회에서 가르쳤다. 한국 장로교 신학이 자연스럽게 네덜란드 개혁파 신학과 친숙하게 된 계기가 된 것이다. 그래서 한국 장로교 신학은 초기 선교사들의 복음적 신학에 네덜란드 신학으로 성숙했다. 그래서 장로교도이면서 개혁주의에 대한 맹목적인 모습까지 보이고 있다. 스코틀랜드와 영국 장로교 신학과 네덜란드 신학이 차이가 없지만 전혀 동일한 것은 아니다. 결국 한국 교회는 스코틀랜드, 네덜란드, 미국, 영국이 아닌 한국 교회에 적합한 신학 체계를 잘 수립하는 것이 필요하다.

이런 방식은 결국 교회의 바른 질서를 세울 때에 성경과 교리에 철저한 검증을 통해서 이룬다면 가능하다고 생각한다. 함석헌, 유영모 선생 등 토착화를 선구하던 분들은 기독교를 좋은 한국화를 위한 도구로 삼았다. 결국 그들의 모습에서 기독교는 사라졌고 토착화된 기형 종교가 발생했다. 한국 장로교를 세우기 위해서는 성경과 교리에 맞고 한국 상황에 적합하게 체계화시켜야 한다. 그렇기 위해서는 성경과 교리에 철저한 전문 지식이 먼저 필요하다. 그리고 한국의 과거와 현재 그리고 미래까지 잘 이해해야 한다. 이러한 일은 반드시 목사와 전문가들의 동역으로 가능하다. 바른 분별이 없으면 결코 한국 교회를 세울 수 없다. 한국 교회는 세계 신학을 바르게 검증해서 한국 교회에 소개할 수 있어야 한다. 분별없이 한국 교회에 쏟아지는 외국 교회의 산물들이 혼란을 증폭시키고 있다. 천주교 사제의 글이 장로교 목사가 주도하는 출판사에서 출판해서 장로교 교인들이 베스트셀러를 만들었다. 한국 장로교 교회의 수준이다. 침례교 프로그램을 장로교 교회가 좋은 양육 프로그램이라고 자신감 있게 선전한다. 천주교 신비주의 영성 훈련을 장로교 목사가 적극적으로 활용한다. 목회에 도움이 된다면 어떤 것이든 면죄부를 준다.

그런 한국 장로교 교회는 급격한 쇠락을 경험하고 있다. 그럼에도 교회는 정치적 목적에 따라서 이합집산을 계속하고 있다. 그럴수록 세상에 소금과 빛이 되지 못한다. 한국 교회는 초기에 교육과 의료 선교 사역으로 한국의 종교가 되는데 성공했다. 그러나 일제강점기에 신사참배와 신도예식을 교회에 도입하는 일을 자행했다. 그리고 해방 후에도 합당한 회개가 없이 유지했다. 1970년대 급성장한 사회 풍토와 함께 교회도 1990년대까지 급성장했다. 산업화가 정착된 한국 사회에서(주5일제 시행, 2004년) 교회의 영향력은 급 감소했다. 오히려 불교는 템플스테이라는 문화종교프로그램으로 호응을 얻고, 천주교는 명상프로그램을 운영하고 있는 실정이다. 그럼에도 교회는 옛날의 환상에서 벗어나지 못하고 있다. 1970년대 성장을 경험한 세대들이 교회 최고 지도자들이기 때문이다.

성장이 정의가 된 장로교 교회는 더 이상 장로교 교회의 모습을 상실한 것이다. 자기 정체성을 상실한 것은 곧 맛을 잃은 소금이다.

'대한예수교 장로회'는 130년을 지내면서 다양한 부패의 모습을 보여주었다. 이에 대한 다양한 대안이 발생하고 있다. 장로파를 떠나 개혁파 교회를 세운 일도 발생하고 있다. 한국 교회는 장로교 교회를 이해한 적이 없다. 순수한 영혼 구령의 열정을 가진 선교사들이 입국해서 구령 활동을 했고, 그 순수한 토대가 신사참배, 신도의식으로 부패되었다. 한국 교회를 순교자의 교회라고 떠들지만, 해방 뒤에 순교자는 없고 신사참배를 했던 분들만 교회를 유지했다. 교회가 권력의 비호를 받으며 이득을 가졌다. 결국 교회 성장 지상주의가 장로교 교회에도 통용되었다. 칼빈의 개혁파 교회는 성경에 부합하는 거룩한 교회를 이루기 위해서 생명을 바쳤다. 그런 장로교 후예들이 세속의 이득을 얻기 위해서 시절과 야합한 것이다. 그런 한국 장로교는 세상에 지탄의 대상이 되어도 당연하다.

장로교 교회가 어떻게 외형 가치를 최고로 판단할 수 있을까? 바른 가르침을 전하고 사랑해야 할 장로교 목사들이 어떻게 정치 권력화될 수 있을까? 필자는 부디 이런 모습을 장로교의 한 모습이라고 보지 않기를 간곡히 바란다. 그럼에도 그러한 오해를 불러올 행동을 일삼고 있기 때문에 변명의 여지는 없다. 다만 작은 소리로 그것은 장로교가 아니라고 읊조릴 뿐이다.

한국 장로교회는 세계에서 가장 강력한 모습을 갖고 있다. 그런데 세계 교회에서 영향력은 전혀 없다. 아직도 선교 국가로서 신학을 지원받고 있는 처지이다. 진보 진영에서는 WCC를 개최할 정도로 위용을 자랑한다. 그럼에도 한국 신학을 만들지 못하고 있다. 그것은 먼저 세계 신학을 정확하게 이해하지 못하기 때문이다.

필자는 이러한 방식에 대해서 '구원의 확신을 제안'한다. "당신은 구원을 받았는가?". 그렇다면 "당신의 구원자는 누구인가?"이다. 자신이 기독교 구원을 받았다면 구원자가 누구인지 밝히면 신학은 시작하는 것이다. 그리고 자신의 구원자를 믿고 밝히는 사역이 신학이다.

장로교 신학은 칼빈 신학으로 다른 종파보다 더 체계적이다. 체계적 신학의 맹점이 구원 시작에 대한 명료한 이해가 부족하다고 생각했다. 그래서 체계적인 신학 내용을 답습하며 반복하여 전수하려고만 한다. 답습의 방식으로 습득된 지식은 자기 신학이 되지 못한다. 한국인이 자기 신학을 만들지 못하면 한국 신학도 만들지 못한다. 그리고 영분별도 하지 못한다. 신학의 주요 목적 중 하나는 영분별하여 순수 복음을 교회에 보존시키며, 또 미혹하는 가르침을 배격하며 변호하는 임무가 있다.

신학은 교리와 함께 발생한 것이다. 생명의 복음은 예수가 시작했고(히 12:2), 그 교리에서 교회가 시작했다. 그래서 교리대로 따르면 예수를 잘 믿을 수 있게 된다. 교리는 정통 교리, 예수를 바르게 믿는 것에 대한 거짓 가르침에 대한 바른 가르침을 세운 것이다.

이 시대는 너무나 다양한 이론들이 쏟아져서 도저히 분별할 수 없을 정도다. 한국에 예수교 장로교단이 150개가 넘는다. 150개 교단의 가르침에서 어디에 참이 있을까? 어떻게 자기 자신을 세울 것인가? 필자가 제안하는 것은 "당신을 구원한 구주가 누구인가?"에 답하는 것이다. 너무나 쉽다고 생각할 수도 있다. 다시 반복하면 당신이 고백한 "구주를 믿으라"이다. 기독교는 구원한 구주를 믿는 종교이다. 그 믿음이 변함없이 진행되어 끝까지 가야 한다(계 1:8).

그 믿음에 합당한 교회 질서를 세우면, 장로교 교회 질서가 될 것이다. 장로교 교회는 그리스도께서 교회의 머리이심을 강조하고, 영광을 받으실 주이심을 강조하기 때문이다. '자기 믿음'을 점검하라. 영을 분별하는 사람의 첫째 작업이다. 자기가 소유한 믿음의 출처를 고백할 수 있어야 '자기 믿음'이다.

구주께서 주신 확고한 믿음에서 홍수처럼 범람한 기독교 거짓 사상들을 분별해서 구원에 이르는 영혼 체계를 갖기를 기대한다.